社会网络视角下共享心智
对组织团队绩效影响研究

鲍晓娜 著

中国纺织出版社有限公司

内 容 提 要

随着信息时代与知识时代的不断深入，以信息技术外包和业务流程外包为代表的服务外包蓬勃发展，以互联网技术为核心的国际软件外包市场尤为明显。我国的软件外包业务正呈现出强劲的发展势头，已成为全球软件外包市场中重要的承接地。本书采用在北京、大连两地软件产业园区外包企业发放问卷数据为研究对象，应用理论探讨、描述性统计、内生性检验和结构方程等方法，研究探析交互记忆、共享心智对软件外包项目绩效的影响。

图书在版编目（CIP）数据

社会网络视角下共享心智对组织团队绩效影响研究 / 鲍晓娜著. -- 北京：中国纺织出版社有限公司，2021.11

ISBN 978-7-5180-9148-5

Ⅰ.①社… Ⅱ.①鲍… Ⅲ.①企业管理—团队管理 Ⅳ.①F272.9

中国版本图书馆CIP数据核字（2021）第230579号

责任编辑：段子君　　　责任校对：王蕙莹　　　责任印制：储志伟

中国纺织出版社有限公司出版发行
地址：北京市朝阳区百子湾东里 A407 号楼　邮政编码：100124
销售电话：010—67004422　传真：010—87155801
http://www.c-textilep.com
中国纺织出版社天猫旗舰店
官方微博 http://weibo.com/2119887771
三河市延风印装有限公司印刷　　各地新华书店经销
2021 年 11 月第 1 版第 1 次印刷
开本：710×1000　1/16　印张：12.5
字数：141 千字　定价：88.00 元

凡购本书，如有缺页、倒页、脱页，由本社图书营销中心调换

前言

随着信息时代与知识时代的不断深入，以信息技术外包和业务流程外包为代表的服务外包蓬勃发展，以 IT 为核心的国际软件外包市场尤为明显。我国的软件外包业务正呈现出强劲的发展势头，已成为全球软件外包市场中的重要承接地。对于接包方而言，在项目的实施过程中，接包方需要建立有效的知识整合模式，才能够保证项目成功地实施。

本书采用在北京、大连两地软件产业园区外包企业发放问卷数据为研究对象，应用理论探讨、描述性统计、内生性检验和结构方程等方法，研究探析交互记忆、共享心智对软件外包项目绩效的影响，主要得到如下研究结论：

（1）在文献梳理和研究的基础上，构建了本书的总体研究框架模型，界定了交互记忆、共享心智、知识边界和项目绩效的概念，修正并开发了四个量表并对交互记忆量表、采用问卷调研的原始数据，对共享心智量表、知识边界量表和项目绩效量表进行量表的内部一致性信度、结构效度、收效效度和区别效度进行检验。结果表明，本研究修正的交互记忆、共享心智、知识边界和项目绩效量表均具有较高的信度和效度。

（2）交互记忆对软件外包团队项目绩效有显著正向影响，即交互记忆的专长度和可信度都可以有效促进软件外包团队项目绩效的知识转移；交互记忆的协调度可以有效促进软件外包团队项目绩效的项目成功。

（3）共享心智对软件外包团队项目绩效有显著正向影响，即项目相关共享心智和团队相关共享心智可以有效促进软件外包团队项目绩效的知识转移；团队相关共享心智可以有效促进软件外包团队项目绩效的项目成功。

（4）知识边界在交互记忆对软件外包团队项目绩效的影响中产生中介效应，语法边界在交互记忆的专长度对知识转移的影响中产生部分中介效应；语法边界在可信度对知识转移的影响中产生完全中介效应；语义边界在协调度对项目成功的影响中产生完全中介效应；语用边界在协调度对项目成功的影响中产生完全中介效应。

（5）知识边界在共享心智对软件外包团队项目绩效的影响中产生中介效应，语法边界在团队相关的共享心智对知识转移的影响中产生完全中介效应；语义边界在团队相关的共享心智对项目成功的影响中产生完全中介效应；语用边界在团队相关的共享心智对项目成功的影响中产生完全中介效应。

本书从社会认知和知识边界理论出发，基于文献研究构建了研究框架模型并修正开发了四个量表，通过实证分析揭示了交互记忆对软件外包团队项目绩效的影响机制；揭示了共享心智对软件外包团队项目绩效的影响机制；揭示了知识边界在交互记忆、共享心智对软件外包团队项目绩效影响的中介效应。本研究对指导企业软件外包项目团队管理，提高软件外包项目绩效和服务质量具有重要实践意义。

著者

2021 年 9 月

目录

1

绪论

1.1 问题的提出

随着全球经济的迅猛发展和信息技术的快速进步，人类社会不可逆转地进入信息社会。跨国公司的战略调整以及系统、网络、存储等信息技术的迅猛发展，使得信息技术和软件外包逐渐成为软件和信息服务产业中最有发展前途的领域。作为软件信息产业的核心，软件产业既是国民经济的基础性和战略性产业，也是各国发展和竞争的重要领域。20 世纪 80 年代，我国开始承接国际软件外包项目，软件外包行业发展迅猛，逐渐成为软件外包市场中的重要承接地。但是与印度、爱尔兰等国家相比，企业规模较小，技术能力不强，处于软件外包产业链中下游。我国希望凭借软件人力资源丰富，市场活跃等方面的优势，成为全球软件外包的核心承接地，把软件产业定义为信息产业中的基础性、战略性产业，制定相应鼓励政策支持其发展。在此背景下，积极发展软件外包产业有利于提升我国软件产业的整体水平，提高国民经济的生产效率和发展质量。

全球软件外包的发包市场主要集中在北美、西欧和日本等国家及地区，其中美国占了约三分之二，欧盟和日本占了近三分之一。接包市场中，印度成功抓住并利用了英、美等国信息技术外包服务转移的机遇，使其软件外包出口迅猛增长，并取得了世界领先地位。以中国、俄罗斯和巴西等为代表的新兴市场国家也充分认识到发展软件外包业的重要性，并采取积极政策措施，鼓励本国企业加快发展 IT 外包服务业，其中亚洲的承接国最多，约占 45%，欧洲输出外包的承接地为爱尔兰和东欧国家，拉美的主要承接国是巴西。随着一些发达国家如加拿大、澳大利亚等加入承接国际服务外包的竞争行列，国际软件外包承接国多元化的趋势更加明显。

我国软件外包企业作为承接方，正处于经济环境和社会环境的剧烈变化阶段。近年来，我国已经在软件外包领域取得很大发展，然而软件外包项目与传统软件项目有很大不同，许多外包项目并没有达到预期的效果。在软件外包情景中，承接方主要的组织活动是将发包方所传递的项目知识和项目要求，结合已有的项目知识，实现知识的实体化。对软件外包的承接方而言，知识整合是组织活动的主要组成部分，能否有效地实现知识整合，是软件外包项目成功的关键。为了使外包企业能够快速适应不断变化的环境，提高软件外包团队项目绩效，承接方企业必须与发包方建立有效的协作方式，将所需知识从发包方进行获取和应用，从而取得软件外包团队项目的成功（曲刚，李伯森，2011）[1]。

软件外包项目团队作为典型的知识密集型团队，是完成软件外包项目的主要知识载体，集聚多领域专长知识的团队工作结构成为一个主要的竞争优势，在企业的知识获取和知识整合过程中担任着核心角色，同时也为企业提供一个共享的平台，在这个平台中企业成员可以相互交流、相互协作，沟通新的思路，学习新的知识（Akgun AE，Byrne J，2005）[2]。软件外包项目团队是项目的主要实施单位，对知识的获取和知识整合是软件外包团队日常活动中最重要的组成部分，因此，承接方是否具备软件开发所需的所有知识直接关系到软件外包项目能否成功、顺利地完成（Kern T，2006）[3]。而软件外包中的发包方和接包方由于其职能角色的不同，对整个软件外包的实施过程中所负责的内容、掌握的知识也不相同，因此，接包方为了保证项目实施的进度和质量，除了最大限度地使用自己已有的知识外，还需要从发包方获取、学习和应用新的知识（曲刚，2016）[4]。这就意味着，发包方和接包方之间是否有效地获取知识并形成知识整合对软件外包项目绩效有着极其重要的影响。

对软件外包项目而言，项目团队中交互记忆作用于项目绩效的过程必然受到团队特征与任务特征的影响（黄海艳，2014）[5]。研究表明，交互记忆对团队生存能力、团队绩效、团队满意度、压力缓解等有积极影响（白新文，2011）[6]。Cannon 和 Salas（1990）提出共享心智概念，认为团队共享心智是团队成员共同拥有的知识结构[7]。林晓敏和白新文（2014）等学者分析了不同程度团队任务互依性下，团队共享心智模型对团队绩效的影响[8]。因此，针对软件外包项目，从软件外包项目团队接包方视角展开对交互记忆、共享心智与项目绩效关系的研究，显得尤为重要。

1.2 研究问题

从目前我国软件外包企业发展态势来看，发展我国软件外包企业项目承接能力是当务之急，而作为承接方视角的软件外包团队项目管理面临的一个重要任务，就是在知识经济和信息社会日益发展的今天，如何更好地提高我国软件企业承接竞争能力，实现我国软件外包企业经济和社会效益的最大化。为实现这一目标，就要深入了解我国软件外包团队项目管理的运行机制，从现有研究来看，无论在国内还是国外，软件外包企业项目绩效始终是一个学术热点问题，特别是在国内，对于软件外包团队项目运行过程中承接方和接包方如何更好地分工协作并促进接包方项目绩效，这些研究在国内仍处于起步阶段，针对我国软件外包产业发展现状以及软件外包项目管理中存在的困境，如何提高软件外包团队项目绩效？交互记忆是如何影响软件外包项目团队项目绩效？共享心智是如何影响软件外包团队项目绩效？是否存在知识边界这一中介变量影响交互记忆、共享心智对软件外包团队项目绩效？

为此本书提出 4 个需要解决的问题：

①交互记忆对软件外包团队项目绩效的影响作用。

②共享心智对软件外包团队项目绩效的影响作用。

③知识边界的消除在交互记忆对软件外包团队项目绩效影响的中介作用。

④知识边界的消除在共享心智对软件外包团队项目绩效影响的中介作用。

本研究从接包方视角研究交互记忆对软件外包团队项目绩效的影响，以及共享心智对软件外包团队项目绩效的影响，并从中探析知识边界的消除在交互记忆对项目绩效影响的中介作用以及知识边界的消除在共享心智对项目绩效影响的中介作用。探析以上研究目标，对提升我国软件外包团队项目绩效有十分重要的意义，更有助于我国软件外包企业承接能力的提升，为我国软件企业发展争取更大的发展空间。

1.3 研究内容和意义

1.3.1 研究内容

基于研究问题的提出和研究问题的界定，本书主要研究内容如下：

第一章为绪论。从我国国内软件外包企业项目管理实践的承接方视角正在发生的现象为出发点，提出本书所聚焦的研究问题及选题的意义，提出本书的研究方法和技术路线。

第二章为文献综述与研究框架。首先，对团队认知理论和知识边界理论进行详细阐述，其次对本书研究的软件外包项目、交互记忆、共享心智、知识边界和项目绩效的内涵、构成与测量进行文献研究，最后，在分析了理论研究在本书的作用之后，提出本书的整体研究框架。

第三章为研究变量与量表检验。通过文献梳理对本研究的四个研究变量（交互记忆、共享心智、知识边界和项目绩效）的涵义和维度进行界定，通过国内外相关研究文献的梳理，生成具有信度效度的交互记忆测量量表、共享心智测量量表、知识边界测量量表和项目绩效测量量表，并通过专家咨询和预测试的定量分析方法对初始量表的信度与效度进行检验，进而形成正式测量量表并对交互记忆量表、共享心智量表、知识边界量表、项目绩效量表进行效度和信度分析。

第四章为交互记忆对软件外包团队项目绩效的影响作用。基于文献研究提出的研究命题以及相关的理论构建实证研究的概念模型与假设模型，然后通过结构方程模型的实证方法探究交互记忆对软件外包团队项目绩效影响研究，进一步解释交互记忆的三个维度（专长度、可信度、协调度）对软件外包团队项目绩效的两个维度（知识转移和项目成功）的影响机理，形成通过交互记忆三个维度提升软件外包团队项目绩效的内在作用路径，为软件外包团队项目绩效提升提供路径指引。

第五章为共享心智对软件外包团队项目绩效的影响作用。基于文献研究提出的研究命题以及相关的理论构建实证研究的概念模型与假设模型，然后通过结构方程模型的实证方法探究共享心智对软件外包团队项目绩效影响研究，进一步解释共享心智的两个维度（项目相关共享心智和团队相关共享心智）对软件外包团队项目绩效的两个维度（知识转移和项目成功）的影响机理，形成通过共享心智两个维度提升软件外包团队项目绩效的内在作用路径，探究共享心智对软件外包团队项目绩效的作用机理。

第六章为知识边界在交互记忆对软件外包团队项目绩效影响的中介效应。基于文献研究提出的研究命题以及相关的理论构建实证研究的概念模型与假设模型，然后通过结构方程模型的实证方法探究知识边界的消除在交互记忆对软件外包团队项目绩效影响的中介作用，形成交互记忆对项目绩效的内在作用路径，为提高软件外包团队项目绩效提供实践指导路径。

第七章为知识边界在共享心智对软件外包团队项目绩效影响的中介效应。基于文献研究提出的研究命题以及相关的理论构建实证研究的概念模型与假设模型，然后通过结构方程模型的实证方法探究知识边界的消除在共享心智对软件外包团队项目绩效影响的中介作用，形成共享心智对项目绩效的内在作用路径，从而为提升项目绩效提供路径指引。

第八章为结论与展望。本章对研究的结论进行系统的阐释，并对研究的理论贡献和研究的主要创新点进行详细的阐明，同时基于研究结论形成对软件外包团队项目管理实践和软件外包团队建设实践的启示与指导，然后对现有研究存在的局限进行解释，并提出未来研究的相关展望。

1.3.2 研究意义

（1）理论意义

对于软件外包团队项目绩效研究方面，本书立足企业项目管理实践，但在理论研究层面上弥补了软件外包团队项目管理研究偏重发包方视角、忽略接包方视角的局限性，尝试将团队认知理论和知识边界理论，交互记忆思想、共享心智思想和知识边界理论引入到软件外包团队项目绩效的研究情境下，促成软件外包团队项目绩效管理问题的根源性探讨，形成从交互记忆、共享心智和知识边界视角研究软件外包团队项目管理问题的一种新的研究范式。本研究从以下四个子研究内容完成对本书研究问题的分析：本研究从交互记忆的三个维度来探究对软件外包团队项目绩效的影响，从而进一步明确交互记忆中哪个因素影响软件外包团队项目绩效的知识转移和项目成功；本研究从共享心智的两个维度来探究对软件外包团队项目绩效的影响，从而进一步明确共享心智中哪个因素影响软件外包团队项目绩效的知识转移和项目成功；本研究从知识边界在交互记忆、共享心智对项目绩效的中介作用来探究交互记忆和共享心智如何更好地影响项目绩效的知识转移和项目成功。本研究旨在为软件外包过程的知识转移问题研究提供新的思路，力图指导承接方软件外包项目团队管理、流程管理和实施信息技术，从而更好地应对项目风险，成功完成项目，提高软件外包项目的服务质量。

（2）实践意义

本书关注我国软件外包企业在承接软件外包项目过程中，如何能够提升软件外包团队项目绩效，实现软件外包团队项目的顺利交付完成，并在项目运行过程中，促进我国软件外包团队的技能和知识积累，对我国软件外包企业项目管理具有重要的现实意义。

目前，我国承接软件外包市场业务大多是编程与测试等低端业务，长期承接低端外包项目不利于我国软件外包产业持续良性发展，因此，需提高自身实力以获得承接发包业务中高端业务，促使企业得到更好的发展趋势。而软件外包过程中提高自身实力的主要途径就是通过承接软件外包项目过程中积极学习并掌握发包方向接包方传递过程中知识的获取、积累以及知识整合，善于把从软件企业发包方传递的知识整合并与我国软件外包企业接包方相关知识相结合，以承接软件外包项目为契机，不断积累知识、技能来提升企业软件外包承接能力，从而形成满足发包方客户需求的软件外包企业竞争力，通过本书研究旨在找到促进软件外包团队项目绩效的影响因素，从而促进我国软件外包企业在激烈的市场竞争中发展壮大软件外包项目团队的承接竞争优势。

当前环境下，我国软件外包企业不仅需要向发包方客户提供个性、定制的服务，而且需要对发包方客户的需求做到快速响应，灵活应对，同时也不能失去自身的竞争优势和特长所在，既需要顾及软件外包企业内部的自身技能积累，也需要注重在承接项目过程中对自身软件外包相关领域知识的积累和整合、转化，从而提高我国软件外包团队项目绩效。

1.4 研究方法和技术路线

1.4.1 研究方法

本研究围绕软件外包团队项目绩效的影响机理展开，采用定性和定量相结合的研究方法，主要运用文献研究法、问卷调查法研究交互记忆、共享心智对软件外包团队项目绩效的影响，交互记忆、共享心智跨越知识边界对软件外包团队项目绩效的影响。应用 LISREL8.7、AMOS17.0 和 SPSS19.0 统计分析软件，进行假设检验和论证。

1.4.2 技术路线

本研究主要分为五个阶段，如图 1-1 所示：

第一阶段：定性研究。通过文献的回顾和梳理，界定本书研究的主要概念或变量，包括交互记忆、共享心智、知识边界、项目绩效，并确定相应概念或变量的维度及测量。

第二阶段：量表开发与检验。在文献综述和梳理的基础上，研究开发交互记忆、共享心智、知识边界和项目绩效四个量表，并采用 LISREL8.7 和 SPSS19.0 软件对研究开发量表的信度和效度进行检验，剔除不符合要求题项。

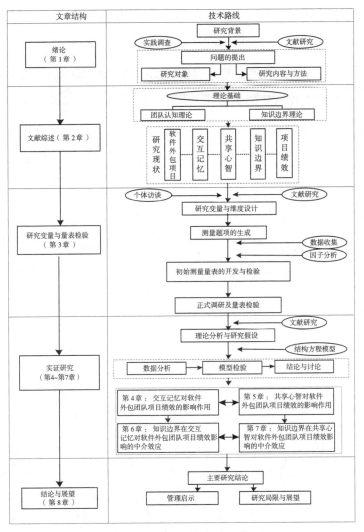

图1-1　论文研究技术路线

第三阶段：实证研究。构建交互记忆、共享心智对软件外包团队项目绩效的影响作用。通过对文献的梳理和分析，构建交互记忆对软件外包团队项目绩效的影响模型。主要针对交互记忆三个维度（专长度、可信度、协调度）对软件外包团队项目绩效的影响，采用结构方程模型对研究所构建的模型进行实证检验。构建共享心智对软件外包团队项目绩效的影响模型，主要针对共享心智两个维度（项目相关共享心智、团队相关共享心智）对软件外包团队项目绩效的影响。

第四阶段：实证研究。构建知识边界在交互记忆、共享心智对软件外包团队项目绩效影响的中介作用模型。通过对文献的梳理和分析，分别构建知识边界消除在交互记忆对软件外包团队项目绩效影响的中介模型以及知识边界在共享心智对软件外包团队项目绩效影响中的中介模型。

第五阶段：模型的检验。采用 AMOS17.0 软件对研究所构建的模型进行检验，分别对交互记忆对软件外包团队项目绩效影响的中介作用、共享心智对软件外包团队项目绩效的模型及中介效应模型进行检验，并对研究假设进行分析和解释。

2

文献综述与研究框架

2.1 相关理论

2.1.1 团队认知理论

团队认知理论是在认知理论基础上发展起来的。社会认知理论是20世纪70~80年代兴起的一门新兴学科，在90年代得到迅猛发展，是当前社会心理学研究的一个重要领域。社会心理学家班杜拉（1977）提出社会认知理论，并强调认知因素在行为改变中的作用，揭示人类行为的形成与维系机制，他认为个体、行为和环境是相互影响、相互依赖和相互决定的[9]。班杜拉强调个体因素是个人对他自己完成特定组织或人物时的一种能力判断，是外在环境、其他自律机制和个人能力、经验、成就表现产生交互作用的结果。班杜拉认为个人是根据自我效能来启动、规范并维持他们自己的行为的，结果期望会影响自我效能，结果期望和自我效能会对行为起主导作用。社会认知理论是一个广泛被接受的，用来验证个体行为的理论，并在解释知识分享问题上具有优势（袁艺，2008）[10]。

Hodgkinson（2007）提出团队认知理论[11]。吕洁和张钢（2013）认为团队认知是团队成员的一种心理活动，表现为组织成员达成共识，获取知识的一种能力，是团队探知和识别相关线索，记忆相关信息，进行计划，获得知识，设计解决办法，做出决策，并解决问题的能力，由共同语言、共同价值观组成的团队认知，可以影响知识资本的创造，整合个体与群体

14

资源。团队认知具有五个关键功能：团队内成员的价值观会影响团队成员；团队成员具备归属于此团队的自我认知；愿意与其他成员进行情感互动；愿意向其他成员分享自己的经验、知识；成员对团队有情感，成员认同甚至造就团队自身的特色及语言并彼此共享 [12]。

团队认知理论描述在团队中个体共同的特征以及团队系统对于个体的意义。王三义（2007）发现团队认知会影响知识转移效果 [13]。彭正龙和陶然（2008）发现知识特性和认知能力影响团队知识转移 [14]。Nahapiet 等学者指出，认知唯独具有整合个体与群体资源的能力，并通过这种能力影响知识的创造 [15]。窦红宾（2011）认为团队认知是团队成员彼此间建立的共同语言和叙事方式以及对团队形成的共同价值观 [16]。

2.1.2 知识边界理论

知识边界理论是在企业边界理论研究的基础上发展起来的，本质是企业边界理论在知识管理领域应用上的拓展。Carlile 于 2001 年提出知识边界理论，并认为在跨职能的团队合作中，不同的部门所处的背景以及专长知识不同，导致双方在知识整合过程中存在一系列障碍，这些障碍遍布知识整合过程的始终，而这些障碍便是知识边界 [17]。Carlile 将知识边界分为语法边界、语义边界和语用边界，并针对这三种边界提出边界跨越方法，为消除语法知识边界，团队可以考虑使用共同的词汇库和信息管理工具，比如使用标准的语法和规范，同时将为事务下定义的权利进行授权，所有人都按照同一个标准做事，可以提高信息处理的效率并促进知识渗透语法知识边界；为克服语义知识边界，需要个人在工作中全面了解新情况，并深入探究和思考每个人基于事务不同假设的来源；为了克服语用知识边界需要考虑使用试错法，即使用旧知识展开实践后发现效果并不理想，以此说服组织成员去积极运用新知识，或者使用边界对象，如原型法、常用模型、图表和其他设备等[18]。

2.2 软件外包项目

2.2.1 外包与软件外包

（1）外包

外包"Outsourcing"（外部寻源）的概念是在外部环境变化和管理理论与经济理论持续更新的背景下提出的。随着经济环境的快速变化和科学技术的迅速发展，规模经济不再是企业进行产品生产的首要目标，而产品的质量、柔性、敏捷性以及客户需求的满足程度成为企业更为重要的追求目标。

Harrigan（1985）认为外包是组织或企业为获取生产商品和服务所必需的物料及服务供应的一系列"制造或生产"决策[19]。Prahalad（1990）认为外包是企业把内部的知识和资源集中于那些具有竞争优势的核心业务上，而把一些非核心的业务委托给外部的承包商去做[20]。Loh 和 Venkatrama（2015）认为外部供应商使用组织的 IT 基础设施所提供的实物或人力资源就是外包[21]。Rothery 和 Roberson（1996）认为将以前在组织内部执行的业务活动转向外部组织，将这些活动的计划、发展、管理转移独立的第三方就是外包[22]。Sacristan（1999）认为外包是有专业性且在某一确定时期通过实物提供或者人力资源服务对另一家企业起到显著帮助[23]。

严勇和王康元（1999）认为外包是企业把一些重要但不是核心的业务交由企业外部的承接商去完成，以便把企业有限的资源集中在那些具有竞争优势的业务上面[24]。

Jones（2001）认为外包是企业将生产环节分解的过程，即企业将整个生产过程分为两个或更多的环节，每个环节都依据要素禀赋和比较优势的不同被安排到不同的国家或地区生产[25]。Bahli（2003）认为依据服务协议将某项服务持续管理责任转嫁给第三者执行才是外包[26]。Helpman（2003）认为外包是一种由不完全合同控制的寻找合作伙伴与特定关系投资的活动[27]。Sen（2004）认为外包是企业战略性地运用外部资源进行原来利用企业内部人力、物力完成的经济活动[28]。卢岩（2005）认为外包是企业和第三方机构签订合约，委托第三方为其提供中间产品或服务，使企业发生纵向一体化、专业化、规模缩减化，企业间建立松散、灵活、长期、多层面的合作形式[29]。卢峰（2007）认为外包是通过合约方式将企业过去由自我从事的投入性活动或工作转移给外包厂商完成[30]。杨丹辉和贾伟（2007）认为外包是企业整合外部机构的优势资源，以求降低成本、提高效率和发挥核心能力的一种商业模式[31]。张杰（2009）认为外包是国际分工对象从产品层面转移到工序层面，特定的产品生产过程被拆分为不同的价值链环节，分散到具有不同的比较优势的国家或地区进行的一种新兴贸易方式[32]。Ikenage（2009）认为外包是指特定产品生产的某个或若干个区段、工序、环节转移到企业的外部来完成[33]。汪星（2016）认为外包是指一个业务实体将原来应在企业内部完成的业务，转移到企业外部由其他业务实体完成的活动[34]。

Tholons（2008）认为外包是发展中国家（印度、菲律宾、中国等）的服务提供商，为了完成来自客户国（美国、英国、日本）的离岸服务外包交付工作，而在客户国雇佣专业技术人员的现象[35]。江小涓（2008）认为外包是服务外包提供商在发包企业所在的国家或地区建立子公司或离岸中心，以寻找发包客户，开拓市场的活动[36]。Wilson 和 Ceuppens（2011）认为外包是为了完成来自西方发达国家客户国企业的需求分析任务或离岸外包交付业务，东欧或亚洲的系统集成商在客户国雇佣销售人员或负责人的活动[37]。刘丹鹭和岳中刚（2011）认为外包是为了完成来自西方发达国家客户国企业的需求分析任务或离岸外包交付业务，东欧或亚洲的系统集成商在客户国雇佣销售人员或负责人的活动[38]。Bunyaratavej 和 Hahn（2011）认为外包是发展中国家作为发包方，向其他国家（包括发达国家或其他发展中国家）提供离岸服务外包合同[39]。

学者对外包概念阐释各有侧重点，企业经营策略角度将外包作为提高企业竞争力的一种经营性活动；国际分工角度是把外包当作生产过程的一个环节转移出去；企业间合约角度把服务外包看作一种企业间的委托合约，通过委托和受托来完成任务；逆向外包角度把外包按照方向性视角确定为发展中国家作为发包方，向其他国家（包括发达国家或其他发展中国家）提供离岸服务外包合同。如表 2-1 所示。

表2-1 外包含义的阐释

视角	提出者	外包含义
企业经营策略角度	Harrigan（1985）	外包就是组织或企业为获取生产商品和服务所必需的物料及服务供应的一系列制造或生产决策
	Prahalad（1990）	外包就是企业将一些次要的、非核心功能转移给外部企业，利用外部企业的优势、专长来提高整体效率，更专注于具有核心竞争力的功能
	Sacristan（1999）	外包就是有专业性且在某一确定时期通过实物提供或者人力资源服务对另一家企业起到显著帮助
	严勇 王康元（1999）	外包就是企业把一些重要但不是核心的业务交由企业外部的承接商去完成，以便把企业有限的资源集中在那些具有竞争优势的业务上面

视角	提出者	外包含义
国际分工视角	Jones（2001）	外包就是企业将生产环节分解的过程，即企业将整个生产过程分为两个或更多的环节，每个环节都依据要素禀赋和比较优势的不同被安排到不同的国家或地区生产
	张杰（2009）	外包就是国际分工对象从产品层面转移到工序层面，特定的产品生产过程被拆分为不同的价值链环节，分散到具有不同的比较优势的国家或地区进行的一种新兴贸易方式
	Loh和Venkatrama（1992）	外包就是外部供应商使用组织的IT基础设施所提供的实物或人力资源
	Rothery和Roberson（1996）	外包就是将以前在组织内部执行的业务活动转向外部组织，将这些活动的计划、发展、管理转移独立的第三方
	Bahli（2003）	外包就是依据服务协议将某项服务持续管理责任转嫁给第三者执行
	Rahul Sen（2005）	外包是企业战略性地运用外部资源进行原来利用企业内部人力、物力完成的经济活动
企业间合约角度	卢言（2005）	企业和第三方机构签订合约，委托第三方为其提供中间产品或服务，使企业发生纵向一体化、专业化、规模缩减化，企业间建立松散、灵活、长期、多层面的合作形式
	卢峰（2007）	通过合约方式将企业过去由自我从事的投入性活动或工作转移给外包厂商完成
	Helpman（2003）	外包就是一种由不完全合同控制的寻找合作伙伴与特定关系投资的活动
	Ikenage（2009）	特定产品生产的某个或若干个区段、工序、环节转移到企业的外部来完成
逆向外包角度	Tholons（2008）	发展中国家（印度、菲律宾、中国等）的服务提供商，为了完成来自客户国（美国、英国、日本）的离岸服务外包交付工作，而在客户国雇佣专业技术人员的现象
	江小涓（2008）	服务外包提供商在发包企业所在的国家或地区建立子公司或离岸中心，以寻找发包客户，开拓市场的活动
	Wilson和Ceuppens（2011）	为了完成来自西方发达国家客户国企业的需求分析任务或离岸外包交付业务，东欧或亚洲的系统集成商在客户国雇佣销售人员或负责人的活动

续表

视角	提出者	外包含义
逆向外包角度	刘丹鹭、岳中刚（2011）	一种由低劳动力成本的发展中国家企业作为主动发包方的发包过程
	Bunyaratavej和Hahn（2012）	发展中国家作为发包方，向其他国家（包括发达国家或其他发展中国家）提供离岸服务外包合同

资料来源：作者根据文献整理。

（2）外包的业务活动

外包包括早期的生产（制造）外包和出现稍晚的服务外包。服务外包又可以细分为信息技术外包、业务流程外包和知识流程外包（肖志洁，2016）[40]。内容如表2-2所示。

表2-2 ITO、BPO、KPO的业务范围

ITO信息技术外包	系统操作服务、系统应用管理服务、技术支持管理服务。软件外包是其重要组成部分
BPO业务流程外包	需求管理，如客户关系管理；企业内部管理，如人力资源管理、金融与财务；业务运作管理，如呼叫中心；供应链管理，如采购、运输等
KPO知识流程外包	股票、金融和保险研究、数据检索、分析和管理，企业和市场研究，工程和设计服务，网页设计、动画和模拟服务、医疗服务，药物和生物技术，研究与开发，知识产权，网络管理和决策辅助系统等

资料来源：郭冰，《中国软件出口欧美暨离岸软件外包产业研究》。

从表2-2中可以看出三个细分业务各有侧重点。ITO出现在20世纪80年代，以劳动密集型业务为主要特征，强调技术，更多涉及成本和服务。BPO出现在20世纪90年代，是劳动密集型和知识密集型的融合，强调业务流程，解决的是业务效果和运营等问题。KPO是出现在2000年以后，以知识密集型为主，通过提供业务专业知识来为客户创造价值（肖志洁，2016）[40]。

（3）软件外包

Mwichigi（2015）认为软件外包是接包方通过提供相应的软件服务和基于 IT 的关联服务，以满足发包方的软件外包或业务流程外包，甚至知识外包的需求[41]。IT 产业发展研究所（2015）认为软件外包是企业将一个软件系统全部或部分地交由其他软件企业进行开发，以及由开发方对所开发的软件提供相应维护服务的软件开发形式[42]。Han（2013）认为软件外包指的是某软件企业通过与其他软件企业签订合约，把原本由本企业完成的软件项目转移给其他软件企业的经营方式，这个定义强调了参与外包的双方通过合同、协议的方式来形成外包业务关系[43]。刘绍坚（2007）认为软件外包有两个层面的含义，狭义的是"需求方将单纯的围绕软件而进行的设计、编码、测试、后期维护等行为委托给外部服务供应商"，广义的含义是指"包括信息服务在内的信息技术外包，包括 IT 系统部件安装交付使用、IT 系统构架、性能评估、更新策略和升级以及应用软件系统的策划、开发、测试和交付更新与维护等"[44]。许媛鸿（2008）认为某软件企业通过与外部其他软件企业签订合同，将一些本来由企业内部完成的软件项目包给专业、高效的其他软件企业的经营模式，这种定义更加强调外包的双方通过协议方式达成外包业务关系[45]。朱瑾（2008）提出软件外包是指企业为了专注核心竞争力业务和降低软件项目成本，将软件项目中的全部或部分工作发包给提供外包服务的企业完成的软件需求活动[46]。

原毅军（2009）认为软件外包是一种依托于软件技术的服务模式，是企业为将有限的资源专注于核心竞争力，由外部专业服务商通过知识劳动力，使用软件技术手段来完成原先由企业内部承担的工作，从而使企业实现降低成本、提高效率、增强市场应变能力并优化企业核心竞争力的目标[47]。Niazi（2016）认为软件外包是包出方和承接商之间的一种合约，包出方将软件开发活动的一部分或全部签约给承接商，承接商按照合约要求提供相应的软件产品与服务以获得报酬[48]。曹萍（2012）认为软件外包是企业为了专注核心竞争力业务和降低软件项目成本，将软件项目中的全部或部分工作发包给提供外包服务的企业完成的软件需求活动[49]。

按照软件生命周期可以把软件外包分为三个层次：第一层是低端的软件外包，是指承接方不参与需求分析和系统设计，仅负责其中整个系统某些子模块的编程，或将设计结果转换成可执行的程序代码；第二层是中端的软件外包，接包方不参与项目的可行性分析和需求分析，参与总体设计和详细设计；第三层是高端的软件外包，接包方参与客户整个软件开发的全过程，包括可行性分析、需求分析、系统设计、软件编码过程，其重要的特点是参与客户的可行性分析和需求分析过程，包括问题分析和需求分析（罗军，2008）[50]。

软件外包按照接包方相对于发包方的位置可分为本土外包、近岸外包、离岸外包。本土软件外包指接包商和发包商来自同一个国家或地区；近岸软件外包的接包商和发包商地理位置靠近，拥有语言、文化、地缘优势；离岸软件外包，即国际软件外包，接包商和发包商来自不同的国家，且地理位置较远，如印度、爱尔兰、中国都是目前离岸软件外包的热点国家（Pinnington，1995）[51]。

2.2.2 软件外包项目及项目团队

（1）软件外包项目

项目是为创造独特的产品、服务或成果而进行的临时性工作（徐绪松，2004）[52]。软件项目一般指为创造独特的软件或软件配套服务而进行的临时性工作。软件外包项目作为以产出软件为特定目标的一系列工作，其特性也受到软件本身和软件行业特征的影响（卫宏春，2001）[53]。软件外包项目是一种通过软件发包方与外包方共同协作、采用项目运营与管理模式以创造独特的软件或软件配套服务而进行的临时性工作。软件外包项目会涉及两个重要的对象：发包方和接包方。接包方是为发包企业提供服务的机构，负责软件开发与实施工作，发包方是发出软件服务的机构（刘世伟，2016）[54]。

软件外包项目是一种较为特殊的软件项目，具有明显的特征。卫宏春（2001）认为软件是抽象的，不能被物理触摸，可交付成果物不明确[55]。杨荟萌（2016）认为软件开发项目复杂性和逻辑性较高，软件项目多以逻辑思维为主，侧重于开发设计过程，软件项目沟通较为特殊。由于软件的最终用户并非软件发包方，也加剧了软件接包方对软件需求的理解与用户实际需求存在差异。软件项目开发过程具有不确定性。软件产品的开发过程是一个持续设计和持续改变的过程，客户和接包方都可以提出变更，使得项目存在极大的不确定性。很多接包方只注重软件开发过程而忽略双方共同的协作[56]。

（2）软件外包项目团队

Humphrey（2014）认为团队是由两个以上的人组成，一起协调彼此的活动以完成共同任务目标，他着重强调"成员协调活动的重要性"[57]。Haleblian J（1993）认为团队是由少数有互补技能、愿意为了共同的目的、业绩目标和方法而相互承担责任的人们组成的群体[58]。Liang T P（2007）提出团队由一群不同的人组成，团队成员共同承担领导职责，团队成员应互相协作，一致努力争取达成目标并和其他群体以及所处的系统保持紧密联系[59]。白思俊（2003）认为团队是由拥有共同任务目标以及工作方法的一小群人组成，通过紧密协作并对彼此负责，达成任务目标，并将团队划分为项目团队、解决问题团队、功能团队、自我管理团队和虚拟团队[60]。

Ammeter（2002）认为在项目团队中个体从组织中原本松散的地方走到一起，从事多学科性质的复杂或专业任务，代表着组织中重要的团队类型[61]。Edmondson（2009）从项目管理过程的角度，认为项目团队是指为完成具体项目或者实现项目目标而合作的一群人[62]。曲刚（2011）认为软件项目团队具有自身的独特性，其中最主要的就是成员相互依赖性更大，更加需要注重团队内部合作[63]。Faraj（2000）认为在软件项目团队开发过程中必须知道专业知识在哪里、知道需要什么样的知识，对团队内部知识进行有效认知，这是软件项目中形成有效协作状态的重要前提，对软件开发项目团队绩效有着重要影响[64]。

软件外包项目团队是任何一个完成特定、有限任务的人的群体（Fodr，1992）[65]。Akgün（2006）认为对于软件项目外包团队，完成软件项目所需要的各种专业知识分布于不同的团队成员中，发包方人员应掌握项目需要的技术方面的知识，没有任何人掌握完成项目所需知识的所有细节，团队成员需要依赖其他成员充分获取整合多学科、多领域的专业知识，并结合新信息共同解决项目开发过程遇到的技术、业务和管理问题[66]。王端旭（2013）提出为了能够共同完成任务，项目团队成员不可避免地需要通过不断沟通和协作，形成基于对团队知识分布有效认知的交互记忆[67]。

2.3 交互记忆

2.3.1 交互记忆的内涵

为应对动态变化的环境，软件外包项目团队需要获取最关键的资源，其中团队成员拥有的知识就是最关键的资源。McA Llister（1995）认为团队常常是由来自不同职能部门、拥有不同专长和经验的成员组成，其优势在于它能灵活充分地利用成员的知识技能，从而更好地解决组织中的复杂任务[68]。G.Stasser（2000）认为在同一团队工作的成员的知识结构存在差异性，某些成员的知识是其独有的，如何了解、协调和共享这些知识是团队管理的重要问题[69]。Moreland（2000）认为交互记忆的存在对团队绩效有积极影响[70]。众多学者将工作团队当作一个信息加工的单位，致力于发现那些有效的工作团队是如何处理解决问题所需要的信息（张志学，2006）[71]。许多研究发现，如果团队成员曾经一起工作过，彼此熟悉、相互了解，其绩效比由陌生人组成的团队要好得多（Hollingshead A B，1998）[72]。

Wenger（1987）将利用他人知识的能力称为"交互记忆"，并认为交互记忆就是人们基于亲密关系发展出来的用以编码、储存、检索他人所掌握信息的分享系统[73]。Nevo（2014）认为交互记忆是团队通过集体编码、存储和检索来自不同领域的信息知识，可以形成彼此依赖的合作性分工，通常是在亲密关系的基础上发展起来的[74]。焦永清（2011）认为交互记忆是对来自不同知识领域的信息进行编码、储存、检索和交流，是一种共享的认知劳动分工 [75]。Lewis（2011）认为，基于对他人专场的了解和信任，团队成员不仅能够更有效地分配任务，而且能够快速、准确地寻求并获得信息帮助 [76]。王端旭（2013）认为交互记忆是解释团队知识处理的重要机制，实质上是嵌入在团队成员中关于怎样配置、协调、共享和整合成员成长的团队知识，这正是团队成员学习的关键要素，个体可以将他人作为自身记忆的外部援助手段，以弥补自身记忆的局限 [67]。Lewis（2003）认为群体交互记忆是群体成员联合储存、检索和沟通信息，以使用他们的交互记忆 [76]。Brandon 和 Hollingshead（2004）认为交互记忆是关于不同知识领域信息的编码、储存、检索和沟通的共享性认知劳动分工 [77]。Hollingshead（2000）认为通过交互记忆，群体成员可以从其他成员那里获取以其知识领域为基础的信息，这就分散了每名成员完成群体目标所需承担的知识责任 [78]。

Wegner（1991）指出团队成员依靠工作过程中的交流和沟通彼此熟悉，逐渐形成团队内部的交互记忆，使得成员掌握了两种知识：一是成员个人拥有的知识，二是扩展的团队中其他人拥有的那部分专长知识。当任务需要某些信息时，成员个人不必掌握所有领域的知识，只需了解团队中谁掌握了此部分知识，求助于其共同完成任务即可。这样不仅减轻了成员个人的认知负担，而且可将节省的精力专注于自己专长的领域知识，继而获得多于任何个人所能单独掌握的专业知识和信息；同时，成员间的相互依赖能扩大团队整体拥有的知识总量，形成团队知识管理系统，增强团队的信息处理能力 [79]。

交互记忆通过人际网络促进信息的储存和检索，是对个体记忆的拓展和延伸。交互记忆可以帮助人体了解自己交际范围内的知识分布，从而获得他人所掌握的专业知识、技能和信息。通过人际网络，交互记忆能够促进个体知识的储存、检索、吸收和扩散，成为个体从外部获取信息的有效机制以及知识和能力扩展的主要渠道（孙美佳，2012）[80]。

2.3.2 交互记忆的构成与测量

大部分学者广泛认同 Lewis（2003）开发的交互记忆量表认为交互记忆包含三个维度：①专长度。专长度指团队成员知识专门化和差异化的程度。②可信度。可信度主要是指团队成员在完成任务过程中相互信任的程度。③协调度。协调度是指团队成员在完成任务过程中相互配合的程度[76]。

张志学（2006）认为交互记忆由专长度、可信度、协调度构成，其中专长度是指团队成员在知识处理过程中是否存在专门化和区别化；可信度是指在完成任务的时候，团队成员信任彼此所提供的知识和信息的程度；协调度是指团队成员如何充分整合并利用彼此的知识和专长[81]。张钢（2009）认为交互记忆由专长（衡量团队成员在知识处理过程中是否存在专门化和差异化）、可信（衡量团队成员完成任务时对彼此所提供知识和信息信任程度）、协调（用来衡量团队成员在执行任务的过程中能否顺利而充分地整合和利用彼此的知识和专长）三个维度构成[82]。金杨华（2009）认为交互记忆由专长（团队成员知识结构的差异化程度）、可信（成员彼此所提供的知识、信息的可靠性程度）、协调（知识分享与专长）三个维度构成[83]。Moreland（2000）[84]、王端旭和薛会娟（2013）[67]、林晓敏和林琳（2014）[85]、黄海艳和武蓓（2016）[86]、陈帅（2016）[87]也认同此观点，如

表2-3 所示。

Moreland（2000）认为可以采用实验方法测量交互记忆，并在实验中通过运用回忆法对个人记忆和集体记忆的对比来测量群体交互记忆的形成，同时结合行为观测法从专长、可信、协调三个维度观察小组执行任务的过程，根据观察结果测量交互记忆[84]。

表2-3 学者对交互记忆构成的阐释

学者	年份	交互记忆的构成
Lewis	2003	专长度、可信度、协调度
张志学	2006	专长度（团队成员在知识处理过程中是否存在专门化和区别化） 可信度（在完成任务的时候，团队成员信任彼此所提供的知识和信息的程度） 协调度（团队成员如何充分整合并利用彼此的知识和专长）
张钢	2009	专长（衡量团队成员在知识处理过程中是否存在专门化和差异化） 可信（衡量团队成员完成任务时对彼此所提供知识和信息信任程度） 协调（用来衡量团队成员在执行任务的过程中能否顺利而充分地整合和利用彼此的知识和专长）
金杨华	2009	专长（团队成员知识结构的差异化程度） 可信（成员彼此所提供的知识、信息的可靠性程度） 协调（知识分享与专长）
Moreland	2010	专长度、可信度、协调度
王端旭 薛会娟	2011	专长度（团队成员在知识处理过程中存在的区别化程度） 可信（团队成员对彼此专长可靠性的信任程度） 协调性（在检索过程中，团队成员互助合作的程度）
王端旭 薛会娟	2013	专长度、可信度、协调度

学者	年份	交互记忆的构成
林晓敏 林琳	2014	专长、专长可信、协调
黄海艳 武蓓	2016	专长性、可信性、协调性
陈帅	2016	专长度、可信度、协调度

资料来源：作者根据文献整理得出。

Wegner（2011）认为可以根据交互记忆的涵义及时间作用形成等特点，将交互记忆的形成和维护设计分为三个阶段：①目录更新，也称为专长再认，是指团队成员逐步了解团队其他成员的专长与技能并建立目录的过程。团队成员因逐步了解其他成员擅长的领域而熟悉他们掌握的知识。②信息分配，是指在目录更新的基础上，将需要处理的信息指派给擅长这个专业领域的成员负责的过程，这一阶段有助于提高团队知识管理的效率。③检索协调，是指当团队成员因能力有限而不能完成工作时，可以根据形成的专业知识目录，向团队中这个方面的专家发出求助并得到帮助的协作过程[88]。王端旭（2011）认为交互记忆的形成不是静止的，而是通过知识配置、互动整合和评价调整三个环节而形成的[89]。

2.3.3 交互记忆的影响作用

黄海艳和武蓓（2016）指出动态能力在交互记忆的专长度和创新财务绩效的关系中起部分中介作用，在专长度和创新成长绩效关系中起完全中介作用，在交互记忆的协调度与创新绩效的关系中起完全中介作用[86]。黄昱方和耿叶盈（2016）认为团队咨询网络密度对团队交互记忆的建立有显著的正向影响，团队成员平均组织自尊在团队咨询网络密度与交互记忆之间发挥完全中介作用[90]。曲刚和彭姝琳（2016）认为交互记忆和社会认同对项目绩效有显著正向影响，社会认同与项目动态复杂性对相互记忆与项目绩效的关系起负向调节作用[91]。周炎喆和倪旭东（2016）认为在团队中，交互记忆及其三个维度与知识整合存在显著正相关关系，其中可信维度对知识整合的影响最大[92]。

蔡俊亚和党兴华（2015）认为交互记忆正向影响研发团队绩效，交互记忆对团队反思具有正向影响，团队反思在交互记忆与团队绩效中起完全中介作用，团队学习正向调节交互记忆与团队反思、团队绩效之间的关系[93]。黄海艳（2016）认为交互记忆会正向影响研发团队的创新绩效，团队的心理安全在交互记忆与研发团队的创新绩效之间发挥明显的调节作用[86]。史丽萍和杜泽文（2013）认为交互记忆的专长维度、可信维度、协调维度对知识整合与知识团队绩效均有积极影响，知识整合对知识团队绩效有积极影响，知识整合在交互记忆和知识团队绩效之间起部分中介作用[94]。盛黎明和刘强（2013）认为组织记忆是交互记忆与组织即兴关系间的中介变量，组织即兴在组织记忆与创新绩效关系间起部分中介作用[95]。王端旭和薛会娟（2011）认为交互记忆对团队创造力有显著正效应，利用性学习在交互记忆与团队创造力的关系中发挥中介作用，探索性学习对两者关系起中介作用[89]。

王端旭和武朝艳（2011）认为变革型领导对团队交互记忆的专长度、可信度和协调度具有显著正相关关系，团队信任和团队反思对变革型领导与团队交互记忆各维度的关系具有完全中介作用[96]。张钢和熊立（2009）认为交互记忆在成员专长异质性和团队绩效关系中发挥中介作用，成员一般异质性对团队绩效产生直接影响，交互记忆对团队绩效有显著正效应[97]。张志学（2006）发现交互记忆与团队成员之间的信任、合作性目标导向具有显著正相关，交互记忆与团队工作绩效和凝聚力具有显著正相关关系[81]。

2.4 共享心智

2.4.1 共享心智内涵

Cannon-Bowers（1993）认为共享心智是团队成员共享并具有的对任务的准确解释和期望的知识结构，从而使团队成员表现出协调一致性，心智模式的概念由此扩展到团队水平[98]。Mohammed（2000）认为共享心智是团队成员共享的、关于团队相关情境中关键要素的知识有组织的理解和心理表征[99]。Levesque（2001）认为心智模型是指一种心理机制，人们利用这个心理机制可以描述系统目的和形式，解释系统的功能和当前状态以及预测系统的未来状态[100]。Cannon（2001）认为"共享"不是单一的，在有些团队中，一些知识需要共享，而另一些知识需要分布或互补，知识网络的结构维度在影响团队知识结构完善程度的同时，也对共享心智模式的形成产生冲击[101]。武欣（2006）认为团队共享心智能够使团队成员应对动态复杂、模糊多变的情境有共同一致的理解或认识共识，从而有利于团队成员解释突发事件、减少团队过程的损耗，进而提高团队工作效率[102]。Dechurch（2010）等人认为共享心智使团队成员能对团队作业形成正确的解释和预期，从而协调自己的行为以适应团队作业和其他团队成员的需求[103]。

2.4.2 共享心智的构成与测量

从共享心智的结构来看，主要分为四维结构、三维结构和二维结构。

Bowers（1993）根据共享表征的影响因素将共享心智模型划分为四种类型，分别为设备模型、任务模型、团队交互模型及团队成员模型[98]。Klimoski（1994）进一步指出，在某一时间节点，团队中也可能存在多重心智模型[104]。Lim（2006）认为共享心智模型包括任务、设备、工作关系和情景等知识、有组织的理解和心理表征的共享[105]。徐寒易和马剑虹（2008）通过对团队成员共享心智模型的同质或异质，相互依赖或相互独立的不同维度组合，形成了任务、队友、团队协作、团队精神四种共享心智模型[106]。在工作任务的不断加强，复杂程度也不断增强的团队情境下，形成共享心智模型的团队能够更好地进行相互协作，团队间对项目的处理方式形成了统一的认知，在处理方式的选择上也能达成一致（黄健，2013）[107]。

Levine（1990）认为共享心智可表述为群体知识、群体成员知识以及工作知识三个维度[108]。Rentsch 和 Hall（1994）从团队作业过程视角，将共享心智分为了团队、任务和技术设备层次[109]。Webber（2000）则将共享心智划分成了陈述性、程序性和策略性[110]。Druskat（2002）将共享心智分为心理主控感、持续学习和相互关系模型[111]。

Salas（2001）认为共享心智分为团队共享心智和团队情境共享心智[112]。Mathieu（2000）认为共享心智模型应该根据任务项目和团队本身分为两个维度：任务相关（技术或设备、团队任务）的共享心智和团队相关（团队交互作用、队友）的共享心智[113]。Heffne（2000）认为共享心智可划分为团队作业模型和团队互动模型[114]。白新文和王二平（2006）认为共享心智由团队任务和团队互动构成[115]。金杨华和王重鸣（2006）认为共享心智可分为认同式共享心智和分布式共享心智[116]。龙飞和戴昌钧（2007）认为共享心智可分为知识结构共享心智和意义结构共享心智[117]。吕晓俊（2009）认为共享心智由任务共享心智和团队共享心智组成[118]。

共享心智的测量方法通常有：概念映射法、相似性评定法、卡片分类法和问卷调查法，其中问卷调查的方法较为简便，易于操作，逐渐成为研究共享心智测量的主流方法。

2.4.3 共享心智的影响作用

朱学红和邹佳纹（2016）指出组成团队任务型共享心智对多团队系统绩效有正向影响，组成团队型共享心智对多团队系统绩效无显著影响，领导团队任务型共享心智对多团队系统绩效有正向影响，领导团队型共享心智对多团队系统绩效无显著影响；多团队系统任务型共享心智、团队型共享心智对多团队系统绩效均无显著影响。

王黎莹和陈劲（2010）认为两类共享心智与团队创造力存在显著正相关，任务式共享心智在目标明确和任务规范与团队创造力之间是完全中介作用，协作式共享心智在成员多样性和工作依赖与团队创造力之间是完全中介作用，任务式共享心智模型和协作式共享心智模型在领导信任、组织保障、角色期待、成员互动与团队创造力之间是部分中介作用[120]。黄同飞和彭灿（2015）认为团队内部、外部非正式网络与团队创造力均呈倒 U 函数关系；团队内部非正式网络与两类共享心智（任务式和协作式）均显著正相关，团队外部非正式网络与协作式共享心智显著正相关；团队内部非正式网络通过两类共享心智的中介作用影响团队创造力，团队外部非正式网络通过协作式共享心智的中介作用影响团队创造力[121]。李柏洲和徐广玉（2013）认为共享心智模式对创新绩效的提高具有显著的直接推动作用，组织学习空间在共享心智模式与创新绩效关系间起部分中介作用[122]。

2.5 知识边界

2.5.1 知识边界的内涵

（1）知识边界

Carlile（2002）认为在跨职能的团队合作中，由于不同的部门所处的背景以及专长知识不同，导致了双方在知识整合过程中存在一系列的障碍，这些障碍遍布知识整合过程的始终，而这些障碍便是知识边界[123]。江积海和宣国良（2005）认为企业之间除了存在法律边界、合约边界、规模边界、职能边界以外，还存在着知识边界[124]。罗珉（2007）认为知识边界具有复杂性，可以从组织知识域的重叠程度、边界上的交流层次和边界的知识粒度分布三个维度对其进行分析[124]。Swart J 和 P Harvey（2011）认为知识边界是支持某一核心项目运行所需的全部自由知识、互补知识以及相关知识等构成的知识集合[125]。Swart（2011）认为知识边界是可以被识别的，进而可以更有效地应用到跨组织项目中并认为知识边界是为支持某一核心项目运行所需的自有知识以及互补知识、相关知识的知识集合[126]。屠兴勇（2012）认为知识边界是由知识的分布构成，或者说是由基于知识的变量决定，它是一种呈粒状分布的、不连续的、不规则的无形边界[127]。梁艳（2014）认为知识边界是指一个组织在自身显性知识和隐性知识构成了一定的知识存量的基础上，通过组织内、组织间不断的知识共享与知识溢出使自身知识总量不断发生变化，具有呈粒状分布、不连续的、动态的和不规则等特征的一种无形边界[128]。

（2）知识边界的产生

Kane（2010）认为知识边界的产生是由于在信息处理过程中受到了阻碍[129]。Edwards（2011）认为是由于知识嵌入到了不同的政治、文化和实践环境中，才会产生知识边界[130]。钟竞和吴泗宗（2008）认为如果团队中的成员使用不同的术语、编码方式、协议、惯例等工具来表达自己，他们将会面临知识边界的障碍，他们只能表达清楚自己做了哪些工作、如何完成的，却无法正确理解别人理解了哪些问题、如何解决的，这便造成了语法知识边界的产生[131]。

2.5.2 知识边界的构成与测量

Carlile（2002）将知识边界划分为三个层面，即语法知识边界、语义知识边界、语用知识边界。他认为在知识整合的初始阶段，需要实现不同成员之间知识的转移，在初始阶段中，会存在着语法知识边界；在知识整合过程的中期阶段，团队成员需要对传递过来的知识进行理解，需要跨越语义知识边界；在知识整合的最后阶段，团队成员需要对新的知识进行学习，与已有的知识相融合，实现知识的转化，需要跨越语用知识边界[132]。

（1）语法知识边界

Ratcheva V（2009）认为语法知识边界又称为信息处理边界，特点是不同的部门在处理信息方面具有的局限性，可以反映不同的组织单位知识数量与性质的已知差异，也可以反映单位之间的依赖关系[134]。Carlile（2002）认为语法知识边界是不同部门进行协同活动中，团队成员与他人进行沟通时，由于他们所属部门的工作情境和工作内容不同，会使用不同的术语、编码、惯例等不同的表达方式，这些不同的表达方式往往不能被其他部门成员完全认可和接受，因此产生了语法知识边界[132]。Gal（2005）认为语法知识边界存在于知识整合的初始阶段，需要一个共享的、准确的沟通、稳定的语言或存储通用语法规则的知识库[133]。

（2）语义知识边界

Carlile（2002）认为语义知识边界是组织在知识整合过程中所遇到的第二层障碍，语义知识边界比语法边界更复杂，因为知识翻译需要构建一致的理解，面对语义知识边界，组织成员需要对所传递信息的情境进行深入理解，清楚不同假设产生的原因，通过在成员之间对组织目标及事物构建一致的理解，降低对信息的误解程度，提高知识转化的正确率[132]。Gal（2005）认为语义知识边界存在于知识整合过程的中期阶段，是由社会群体之间的理解差异构成，是从独特的文化视角发展而来的，团队成员需要对传递过来的知识进行理解[133]。

（3）语用知识边界

王宇（2010）认为语用知识边界是最具社会和政治复杂的知识边界，因为共同利益需要依靠在语用边界上转换和改变知识来发展[136]。陈力田和许庆瑞（2002）认为在语用知识边界上，知识整合关注利益相关者如何集成他们的专业知识来设计一个解决方案，并对这个问题进行磋商以达成共识，语用知识边界还可以创建知识的共享和评价壁垒[137]。Ratcheva（2009）认为转换知识是指改变当前的知识到创造新知识的过程，并在每个功能和整体功能中验证它[134]。Sajadirad（2015）认为不同成员对当前知识调整的差异性归结为语用知识边界[135]。

知识边界的测量方法通常有行为观察法和问卷调查法，其中问卷调查法是较为普遍的测量方法。

2.5.3 知识边界的影响作用

江积海和宣国良（2005）认为企业知识传导是一个持续的过程，是企业边界和知识边界的关系，而不仅仅是一个行动。知识边界有助于企业做知识传导的决策，企业知识的传导与相互渗透，使得企业的边界模糊化和动态化[124]。罗珉（2007）认为知识边界复杂性的显著增加诱发机会主义行为，并降低知识转移与创造的效率[125]。王宇（2010）认为知识社区之间的跨界协作不仅是联合创造知识，而且还要认识到相互依存的关系并权衡各方利益，并认为知识边界是知识整合的有力工具[136]。屠兴勇（2012）认为无论什么样的组织，要想在当前的知识经济环境中实现可持续发展，要想提高柔性和适应环境的灵活性，必须不断创造自身的知识和增强外界知识的整合能力，扩大知识边界，才能在未来竞争中立于不败之地[127]。陈力田和许庆瑞（2014）认为知识同化能力主导型能力结构和知识同化、集成能力为主型的能力结构，内外知识搜寻的跨知识边界协同非常重要，企业需要更侧重外部技术知识源的搜寻和选择[137]。董华和刘太强（2014）认为企业研发知识边界是由搜寻解决方案的期望费用和知识方案的互动程度共同决定的，且其取决于不同治理形式下不同类型问题的解决成本和效率[138]。张彩虹和钟青仪（2014）认为制定边界跨越规则、提高边界渗透性和灵活性、强化边界跨越介质、培养边界跨越者，建立边界跨越激励机制[143]。刘小娟和邓春平（2015）认为知识获取对工作满意度产生正向影响的完全中介变量，有高成就动机和学习目标导向的 IT 员工更善于利用学习性跨边界活动获取更多知识以提高工作满意度[139]。郑忠明和江作苏（2016）认为新闻界的知识边界问题在于如何定界，包括如何辨别软边界和硬边界[140]。

2.6 项目绩效

2.6.1 软件外包项目绩效的内涵

Kast（1988）认为绩效是企业所从事活动的业绩和效率的统称，通常可以看作是企业或组织战略目标的实现程度，其内容包括活动的效率和活动的结果层面[141]。Lee（2015）认为绩效就是在规定时间内由特定工作流程产生的最终产出[147]。Kim（2003）认为绩效是一系列在个体控制下与目标相关的可观察的实际行为表现[148]。Spencer（1996）认为绩效是一种能力指标，其反映的是组织在某方面的能力，包括潜在能力和行为能力等，这种界定目前得到广大知识型企业的认同[142]。彭剑峰（2003）认为，绩效是一种多维度概念，包括任务绩效和周边绩效，其中任务绩效是与具体工作内容直接相关的，而周边绩效还包含一些附属绩效[143]。

曲刚和李伯森（2011）认为项目绩效包括知识转移绩效和项目成功两个维度，知识转移绩效是指在项目团队中知识分布并从团队成员那里获取知识转移的效率，项目成功是指承接项目并完成及时交付，软件外包团队成员有效地管理和协调彼此的知识和任务有利于提高知识转移绩效，并获得项目成功[144]。叶为敢（2013）认为项目绩效是在综合考虑项目范围、时间、成本、质量等九大项目管理知识领域管理水平的基础上，用来评价项目团队研发业绩、效率以及客户满意程度等的指标[145]。

Teng（1996）认为软件外包项目绩效是软件外包项目帮助企业获得战略利益、经济利益和技术利益的结果，表现为发包商对外包商在战略、经济及技术方面的满意程度[146]。Lee（1999）认为软件外包项目绩效是组织和使用者对外包项目完成情况的评价，从组织观点上绩效表现为项目达成组织战略、经济及技术利益的程度，绩效表现为提供良好服务质量的程度[147]。Kim（2003）认为软件外包项目绩效就是发包商对承包商感觉满意的程度和发包商由外包关系中所获得的利益[148]。邓春平和毛基业（2008）认为软件外包项目绩效应该包括项目中技能经验积累的技能转移、团队管理能力提高的合作知识整合，以及项目是否获得了成功[149]。

2.6.2 软件外包项目绩效的构成与测量

Pinto 和 Slevin（1988）认为项目绩效由时间、成本、绩效、客户使用、满意度和效力[150]。戚中伟和谢海娟（2002）认为从财务性评价指标如利润、投资回报率、成本效益比等纯财务指标来测量[151]。Chan APC（2004）认为从项目管理执行力度、项目自身相关因素、项目推行程序、人员相关因素和外部环境维度划分[152]。于建政和汪克夷采用 Dulaimi（2005）认为应从项目技术目标达成、商业目的完成、战略价值实现以及项目成本控制等方面所取得的成绩对项目绩效进行评价[153]。

Kaplan 和 Norton（2001）认为从财务维度、客户维度、内部业务流程和员工学习与成长四个维度衡量项目绩效[154]。许劲（2010）认为从内部过程、质量、利益相关者以及创新与学习四个维度划分[155]。

Baker 和 Murphy（1974）认为项目绩效是由时间、成本和质量来衡量[156]。Nidumolu（1996）认为由过程控制、交流质量和过程学习三个维度构成[157]。林嘉雄（2010）将项目绩效划分项目交付成果、组织服务能力和项目盈利能力三个维度[158]。王远（2013）从过程控制、关系质量、团队学习绩效来测量[159]。胥琳和叶为敢（2013）认为软件外包项目绩效由进度控制、成本控制和客户满意度三个维度构成[160]。曲刚和彭姝琳（2016）认为软件外包项目绩效由过程控制绩效、关系质量绩效、团队学习绩效三个维度构成[91]。

邓春平和毛基业（2008）认为离岸软件外包项目由项目质量和项目成本控制构成[149]。Thakkar（2009）认为软件项目绩效由成本控制和客户满意度两个维度构成[161]。邓春平（2012）将项目绩效划分为进度控制和成本控制[162]。Eric T G Wang（2009）认为项目绩效包括知识转移效率和效力两个方面[163]。李伯森（2011）认为软件外包项目绩效由项目成功和知识转移绩效两个维度构成[164]。

软件外包项目绩效的测量方法通常有案例研究法、跟踪调查法、关键绩效指标法、平衡记分卡和问卷调查法，其中问卷调查的方法逐渐成为研究软件外包项目绩效的主要方法。

2.7 论文研究框架模型

基于团队认知理论和知识边界理论以及相关文献研究，确定了交互记忆、共享心智对软件外包团队项目绩效影响的研究框架模型，如图 2-1 所示，本研究通过四个子研究解决本书的研究问题。子研究一：主要探讨交互记忆对项目绩效的影响；子研究二：主要探讨共享心智对项目绩效的影响；子研究三：探讨知识边界的消除在交互记忆对项目绩效影响的中介作用；子研究四：探讨知识边界的消除在共享心智对项目绩效影响的中介作用。

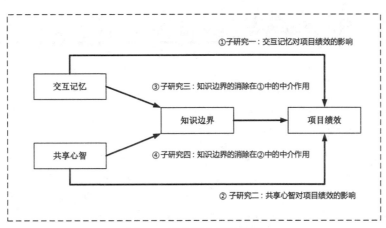

图2-1　论文研究框架模型

3

研究变量与量表检验

3.1 研究变量与维度设计

3.1.1 交互记忆

（1）交互记忆的提出

学者对交互记忆的阐释主要是基于 Wegner（1986）和 Lewis（2003）对交互记忆的概念解释的基础上发展起来的。交互记忆的概念是 Wegner（1986）首次提出的，他观察到群体中的个人依赖他人记住某些信息，从而使得每个人掌握的信息和知识容量大大增加。他认为交互记忆是团队中每个成员所拥有知识的总和，以及关于"谁知道什么"的集体意识，强调团队成员对他人专长的一种"共享意识"[79]。通过合作经历使团队成员们逐渐认识到每个成员都知道什么，谁是哪个领域的专家，基于对团队各个成员专长的认识，人们慢慢地倾向于通过分工合作来获取、储存、记忆和交流信息。Lewis（2003）认为交互记忆既是一个认知分工系统，也是一个认知依赖系统。一方面，团队成员对任务进行认知上的分工，使各成员专攻不同知识领域并承担相应责任；另一方面，成员为完成团队任务，需要依赖彼此以获取、交流和协调各自专长[76]。学者对交互记忆的概念进行界定，如表 3-1 所示。

本研究依据交互记忆创始人 Wegner（1986）提出的概念及其他学者对

交互记忆的阐释，通过总结、梳理，将交互记忆定义为：交互记忆是软件外包项目团队成员之间形成的一种彼此依赖和共享的，用以获得、储存、运用来自不同领域知识以弥补自身不足的合作分工系统[73]。

表3-1　交互记忆的阐释

学者	年代	含义
Wegner	1986	交互记忆是团队中每个成员所拥有知识的总和，以及关于"谁知道什么"的集体意识，强调团队成员对他人专长的一种"共享意识"
Lewis	2003	交互记忆既是一个认知分工系统，也是一个认知依赖系统。一方面团队成员对任务进行认知上的分工，使各成员专攻不同知识领域并承担相应责任；另一方面，成员为完成团队任务，需要依赖彼此以获取、交流和协调各自专长
Brandon, Hollingshead	2004	交互记忆是关于不同知识领域信息的编码、储存、检索和沟通的共享性认知劳动分工
Nevo	2005	交互记忆是团队通过集体编码、存储和检索来自不同领域的信息知识，可以形成彼此依赖的合作性分工，通常是在亲密关系的基础上发展起来的
焦永清	2011	交互记忆是对来自不同知识领域的信息进行编码、储存、检索和交流，是一种共享的认知劳动分工
王端旭	2013	交互记忆是解释团队知识处理的重要机制，实质上是嵌入在团队成员中关于怎样配置、协调、共享和整合成员成长的团队知识，这正是团队成员学习的关键要素，个体可以将他人作为自身记忆的外部援助手段，以弥补自身记忆的局限
孙美佳	2013	交互记忆通过人际网络促进信息的储存和检索，是对个体记忆的拓展和延伸。交互记忆可以帮助人体了解自己交际范围内的知识分布，从而获得他人所掌握的专业知识、技能和信息。通过人际网络，交互记忆能够促进个体知识的储存、检索、吸收和扩散，成为个体从外部获取信息的有效机制以及知识和能力扩展的主要渠道

资料来源：作者根据文献整理得出。

（2）交互记忆的维度

对交互记忆的维度研究主要有行为视角和认知视角。

Graham（2006）认为两种视角虽然切入点不同但相互兼容[165]。汪洁（2009）认为行为视角和认知视角实质是从形式和内容上对交互记忆的关键特征进行不同的界定[166]。社会心理学家关注目录更新、信息分配和检索协调等交互记忆的行为成分，组织学家更关注专长度、可信度和协调度等交互记忆的认知成分。行为视角的代表人物 Wegner 认为交互记忆由信息更新、交互分配和检索协调三种行为过程构成[79]。认知视角代表人物 Moreland 和 Lewis 等学者认为交互记忆由三个维度（专长度、可信度和协调度）构成[79]。学者普遍认可交互记忆由专长度、可信度、协调度三个认知维度构成，如表 3-2 所示。

本研究依据 Moreland 和 Lewis 及学者普遍认同的交互记忆三维结构将交互记忆划分为专长度、可信度、协调度三个维度。专长度是指团队成员感知彼此专业知识领域差异化程度；可信度是指团队成员对彼此专业知识准确性的信任程度；协调度是指信息交流过程中团队成员合作程度的协调性。

表3-2　交互记忆的维度构成

研究者	年代	维度
Liang	1995	专长度是指团队成员知识结构的差异化程度； 可信度是成员认为彼此所提供知识、信息的可靠性程度； 协调度主要体现在对知识分享与专长利用过程的有效整合
Moreland Argote	1999	专长度、可信度、协调度
Moreland	2000	专长度、可信度、协调度
Myaskovsky	2000	专长度、可信度、协调度
Faraj Sproull	2000	专长度、可信度、协调度

研究者	年代	维度
Lewis	2003	团队成员感知彼此专业知识领域的专长度； 团队成员对彼此专业知识准确性的信任度； 信息交流过程中团队成员合作程度的协调度
Pearsall, Ellis	2003	专长度、可信度、协调度
张志学	2006	专长度、可信度、协调度
韩玉兰	2006	专长度、可信度、协调度
Hempel，张钢，熊立	2007	专长度、可信度、协调度
黄海	2014	专长度、可信度、协调度
陈帅	2015	专长度是团队成员在知识处理过程中具有专门化和差异化的知识； 可信度是团队成员在完成任务时对彼此所提供知识和信息可信程度的感知； 协调度是指团队成员在项目执行过程中能否顺利而充分地整合和利用彼此的知识和专长

资料来源：作者根据文献整理得出。

3.1.2 共享心智

（1）共享心智的提出

20世纪90年代，学者 Cannon 和 Salas（1993）将心智从个体水平扩展到了团队水平，并提出共享心智的概念[98]。Cannon 和 Salas（1993）认为共享心智是指团队成员所持有的一种知识结构，这种知识结构使团队成员形成对任务的准确解释和期望，从而协调各成员的行为，他们认为共享心智是团队的关键要素，如任务特征、所处情境、策略、团队互动和队友特点等的共同的知识结构，凭借这种共同的知识结构，在团队执行任务过程中，成员无须借助外部沟通便可一致理解和预测团队所处情境及其变化以及队友的各自应对行为，并进而协调自己的行为以适应情境的要求以及队友的需求[98]。Klimoski Richard 和 Mohammed Susan（1994）对共享心智的概念有更深入的发展，认为共享心智是指团队成员共享的，对团队相关情境中关键要素知识有组织的理解和心理表征[104]。Lim（2006）认为共享心智是一种对个体成员共享知识的表征，共享知识是有关团队、团队目标、团队过程或团队工作的成分，例如，交流、协作、适应、角色、行为模式和交互作用等这样的知识[105]。学者们对共享心智的概念进行界定，如表3-3所示。

本研究依据 Cannon 和 Salas（1993）提出的关于共享心智的概念及其他学者对共享心智的解释，通过总结、归纳将共享心智定义为：团队成员对项目任务目标和运作，团队内部沟通和协调形成一致性认知[98]。

表3-3 学者对共享心智的阐释

学者	年代	含义
Cannon, Salas	1993	共享心智是团队成员所持有的一种知识结构，这种知识结构使团队成员形成对于任务的准确解释和期望，从而协调各成员的行为
Klimoski, Mohammed	1994	共享心智团队成员共享的，对团队相关情境中关键要素知识有组织的理解和心理表征
Arthur	1994	共享心智是指能够使团队成员对团队作业形成正确的解释和预期，从而协调自己的行为以适应团队作业和其他成员的需求
Rentsch, Hall	1994	共享心智是团队成员共享的知识结构，它可以使团队成员在工作过程中对问题的界定、对情境采取的反应以及对未来的预期表现出协调一致性，简而言之，就是团队共同的认知结构、知识结构或知识库
Klimoski	2001	共享心智是一种对个体成员共享知识的表征，共享知识是有关团队、团队目标、团队过程或团队工作的成分，例如，交流、协作、适应、角色、行为模式和交互作用等这样的知识
吕晓俊, 俞文钊	2005	共享心智是在工作团队中，成员以相似的方式来描述、解释和预测社会事件，是团队中成员共享的知识和信念结构，能使他们形成对工作环境适合的解释和预测，协调彼此的行动，适应于环境或其他成员的要求

学者	年代	含义
武欣，吴志明	2006	共享心智是使团队中的分布式知识得以共享
Harald	2006	共享心智能够将成员的活动与任务的多样性结合起来，能够对未来发展做出适当的规划
王黎萤，陈劲	2010	共享心智是团队成员关于团队目标、团队角色、团队性味模式和交互模式等共同的知识结构，凭借这种共同的知识结构，成员形成对于任务的准确解释和期望，从而协调各成员的行为，并适应任务和其他成员的需求
金惠红，杨松青	2012	共享心智是团队成员形成的共存的心理认知，它使团队成员在具体的工作情境中形成共享的知识并表现出相似的态度、价值观等信念

资料来源：作者根据文献整理得出。

（2）共享心智的维度

Cannon（1993）认为共享心智由设备模型、任务模型、团队交互模型和团队成员模型四个维度构成[98]。Levine 和 Moreland（1990）认为共享心智由群体的知识、群体成员的知识和有关工作的知识三个维度构成[108]。

Mathieu 和 CaHeffner（2000）学者在总结 Cannon 等人研究成果的基础上，将共享心智划分为任务相关共享心智和团队相关共享心智两个维度。任务相关共享心智包括设备或技术的心智和任务的心智，团队相关共享心智包括团队交互作用的心智和关于队友的心智[113]。学者普遍认为二维结构具有精炼和适合测量分析的优势，因此共享心智由二维度构成更为普遍，如表3-4所示。

本研究依据 Mathieu 和 Heffner（2000）及学者普遍认可的共享心智二维结构将共享心智划分为项目相关共享心智和团队相关共享心智，其中，项目相关共享心智是指团队成员对团队项目任务、任务情境、流程、策略等形成一致性认知。团队相关共享心智是指团队成员形成对团队内部知识如何相互沟通、协调工作形成共同一致性认知[113]。

表3-4　共享心智二维度构成阐释

研究者（年份）	维度	内涵
Mathieu John （2000）	作业相关共享心智 团队相关共享心智	设备或技术的心智任务的共享心智； 关于团队交互作用的共享心智
Cannon-Bower Mathieu Heffne （2000） 白新文，王二平 （2006）	任务相关的共享心智 团队相关的共享心智	团队成员的知识技能和能力的共享认知； 对工作任务活动以及活动顺序的共同理解
Mohammed （2000）	共享的知识结构 相似的态度、信念结构	团队成员共享知识，团队成员拥有相似价值观和态度； 团队成员彼此形成信任并相互沟通，协调工作
金杨华，王重鸣 （2006）	认同式共享心智 分布式共享心智	共享不仅仅是重叠也是分布，团队成员共同拥有的知识固然重要，而知识"谁知道什么"也是团队中的重要知识
吕晓俊（2009）	任务相关共享心智 团队相关共享心智	对工作任务活动以及活动顺序的共同理解； 对团队成员的知识技能和能力的共享认知，对如何相互沟通、协调工作的方式的共享认知

资料来源：作者根据文献整理得出。

3.1.3 知识边界

（1）知识边界的提出

传统的组织通过一个明晰的、稳定状态的边界来实施组织的经营，比如规模、专业化和控制等。Senge（2010）指出，在知识经济时代，组织的边界被重新界定，速度、柔性化、整合和创新将在这个时代成为企业组织成功的关键因素[167]。Kilduff（2011）认为在知识经济时代下，知识的边界对组织来说非常重要，知识边界是由知识的分布构成，是一种呈粒状分布的、不连续的、不规则的无形边界[168]。Carlile（2002）认为知识边界是在跨职能的团队合作中，由于不同部门所处的背景以及专长知识不同，导致双方在知识整合过程中存在一系列的障碍，这些障碍遍布知识整合过程的始终，这些障碍就是知识边界[123]。Harvey（2011）认为知识边界就是支持某一核心项目运行所需的全部自由知识、互补知识以及相关知识等构成的知识集合[125]。Swart（2011）认为知识边界是可以被识别的，进而可以更有效地应用到跨组织项目中，并认为知识边界是为支持某一核心项目运行所需的自有知识以及互补知识、相关知识的知识集合[126]。学者对知识边界的概念进行界定，如表 3-5 所示。

本研究在总结、梳理文献的基础上，依据 Carlile（2002）对知识边界的阐释，将知识边界定义为：知识边界是指在团队合作中由于不同部门所处的背景以及专长知识不同，在知识整合过程中存在的障碍[123]。

表3-5　学者对知识边界的阐释

学者	年份	含义
Senge	2007	在知识经济时代，组织的边界被重新界定，速度、柔性化、整合和创新将在这个时代成为企业组织成功的关键因素
Kilduff	2009	由知识的分布构成，是一种呈粒状分布的、不连续的、不规则的无形边界
Carlile	2002	在跨职能的团队合作中，由于不同的部门所处的背景以及专长知识不同，导致了双方在知识整合过程中存在一系列的障碍，这些障碍遍布知识整合过程的始终，而这些障碍便是知识边界
江积海和宣国良	2005	不同视角下存在多种边界，如法律边界、职能边界、合约边界、规模边界和知识边界

续表

学者	年份	含义
罗珉和王雎	2007	知识边界就是从组织知识域的重叠程度、边界上的交流层次和边界的知识粒度分布这三个纬度对知识边界的复杂性进行分析
Harvey	2011	知识边界是支持某一核心项目运行所需的全部自由知识、互补知识以及相关知识等构成的知识集合
Swart	2011	知识边界是可以被识别的，进而可以更有效地应用到跨组织项目中并认为知识边界是为支持某一核心项目运行所需的自有知识以及互补知识、相关知识的知识集合
Juani Swart和Philippa	2011	知识边界是可以被识别的，进而可以更有效地应用到跨组织项目中知识边界就是为支持某一核心项目运行所需的自有知识以及互补知识、相关知识的知识集合
杨利军	2012	知识边界是组织或个人设立的知识流动的范围界限
屠兴勇	2012	知识边界是由知识的分布构成，或者说是由基于知识的变量决定，它是一种呈粒状分布的、不连续的、不规则的无形边界
梁艳	2013	知识边界是指一个组织在自身显性知识和隐性知识构成了一定的知识存量的基础上，通过组织内、组织间不断的知识共享与知识溢出使自身知识总量不断发生变化，具有粒状分布、不连续的、动态的和不规则等特征的一种无形边界

资料来源：作者根据文献整理得出。

（2）知识边界的维度

对知识边界维度研究主要有知识域视角和企业边界视角。Carlile（2002）[123]、Oshri（2009）[169]、Juani Swart 和 Philippa（2011）[170]、杨利军（2012）[171]、屠兴勇（2012）从知识域视角将知识边界划分为语法边界、语义边界、语用边界三个维度 [124]。罗珉和王雎（2007）从知识域视角将知识边界划分为知识域的重叠程度、边界上的交流层次、边界的知识粒度分布三个维度 [124]。江积海和宣国良（2005）从企业边界视角出发认为知识边界由企业边界、职能边界、法律边界、知识边界等多维度构成 [172]。梁艳（2014）将知识域和企业边界两个视角相结合，认为知识边界由三维度（语法边界、语义边界、语用边界）构成[128]。Carlile（2002）认为在知识整合的初始阶段，需要实现不同成员之间知识的转移，会存在着语法知识边界；在知识整合过程的中期阶段，团队成员需要对传递过来的知识进行理解，需要跨越语义知识边界；在知识整合的最后阶段，团队成员需要对新的知识进行学习，与已有的知识相融合，实现知识的转化，需要跨越语用知识边界[132]。学者认可 Carlile（2002）提出的知识边界由语法边界、语义边界和语用边界三个维度构成，如表3-6所示。

本研究依据 Carlile（2002）及学者普遍认可的三维度结构将知识边界划分为：语法边界、语义边界和语用边界。语法边界是指为了要实现不同成员之间知识转移中存在的障碍；语义边界是指实现团队成员需要对传递过来的知识进行理解中存在的障碍；语用边界是指团队成员需要对新的知识进行学习，与已有的知识相融合，实现知识的转化中存在的障碍[132]。

表3-6　知识边界的维度构成

研究者（年份）	维度
Carlile（2002）	三维度：语法边界、语义边界、语用边界
罗珉和王雎（2007）	三维度：知识域的重叠程度、边界上的交流层次、边界的知识粒度分布
Kotlarsky（2009）	三维度：语法边界、语义边界、语用边界
Juani Swart和Philippa（2011）	三维度：语法边界、语义边界、语用边界
杨利军（2012）	三维度：语法边界、语义边界、语用边界
屠兴勇（2012）	三维度：由知识分布构成语法、语义、语用
江积海和宣国良（2005）	多维度：企业边界、职能边界、法律边界、知识边界
梁艳（2013）	三维度：语法边界、语义边界、语用边界

资料来源：作者根据文献整理得出。

3.1.4 项目绩效

（1）软件外包项目绩效的提出

Teng 和 Grover（1996）认为软件外包项目绩效就是由企业是否获得战略利益、经济利益以及技术利益来评价[146]。Jae-Nam Lee（2004）认为软件外包绩效是外包的结果是否能达成客户的需求[173]。Subramani（2003）认为软件外包项目绩效就是操作绩效和战略绩效通过承运商运用其 IT 能力而获得[174]。邓春平和毛基业认为（2012）软件外包项目绩效就是软件外包项目中技能经验积累的技能转移、团队管理能力提高的合作知识整合，以及项目是否获得了成功[162]。Palvia（2010）认为软件外包项目绩效就是承接商能力以及服务质量会影响外包的战略绩效、操作绩效以及满意度[175]。宋喜凤（2013）认为软件外包项目绩效就是从组织观点上看将外包是否达成组织战略、经济及技术利益作为评价标准；从使用者观点来看，认为接包方是否提供良好的服务质量是评价软件外包项目绩效的标准[179]。学者对项目绩效的概念进行界定，如表 3-7 所示[176]。

本研究依据 Grover、邓春平和毛基业的研究成果，综合学者对项目绩效的阐释，将软件外包项目绩效定义为：软件外包项目绩效是指对承接项目能否达成企业经济及技术利益并及时交付完成和提供满意服务。

表3-7　软件外包项目绩效阐释

学者	年代	含义
Grover	1996	由企业是否获得战略利益、经济利益以及技术利益来评价
Jae-Nam Lee	1997	外包的结果是否能达成客户的需求

学者	年代	含义
Subramani	2004	操作绩效和战略绩效通过承运商运用其IT能力而获得
邓春平和毛基业	2008	软件外包项目中技能经验积累的技能转移、团队管理能力提高的合作知识整合，以及项目是否获得了成功
Palvia	2010	承接商能力以及服务质量会影响外包的战略绩效、操作绩效以及满意度
宋喜凤	2013	从组织观点上看将外包是否达成组织战略、经济及技术利益作为评价标准；从使用者观点来看，认为接包方是否提供良好的服务质量是评价软件外包项目绩效的标准
朱思羽	2014	承接商为发包商提供部分或者全部IT职能过程中所获得的收益，包括为发包商提供高质量的产品与服务、实现自身战略目标以及提升自身能力

资料来源：作者根据文献整理得出。

（2）软件外包项目绩效的维度

叶为敢（2013）认为由于研究视角、内容、侧重点不同，软件外包项目绩效评价的维度不同[145]。Anderson（1988）认为知识转移绩效是软件外包项目绩效的重要维度[183]。Lee（1999）认为在软件外包过程中隐性知识和显性知识的共享对外包项目绩效有积极影响作用[154]。Boomsma（1982）把软件外包成功等同于外包接收者对获得预期利益的满意度[184]。许劲和任玉珑（2010）认为软件外包成功就是客户需求与项目成果相符合[155]。胥琳（2013）认为离岸软件外包项目绩效应从进度控制、成本控制和客户满意度来衡量[160]。邓春平和毛基业（2011）认为从承接方视角来看，软件外包项目绩效应从发包方满意度、项目成功，以及在项目过程中知识转移的绩效衡量[162]。

Kilduffm（2009）认为软件外包项目绩效由成本控制和项目是否成功两个维度构成[168]。Harvey（2009）认为项目绩效包括知识转移效率和效力两个方面[170]。李伯森（2011）认为软件外包项目绩效由项目成功和知识转移绩效两个维度构成[164]。邓春平（2011）认为从承接方视角来看，软件外包项目绩效由知识转移绩效和项目成功两个维度构成[178]。曲刚（2011）认为承接方视角下软件外包项目绩效由知识转移绩效和项目成功两个维度构成[1]。如表3-8所示。

表3-8　软件外包项目绩效的维度

学者	年份	内容
Baccarnid	1999	项目成功、知识转移绩效（知识获取与应用的知识转移绩效）
邓春平	2008	项目是否成功、成本控制
Arun	2009	成本控制、项目是否成功
毛基业、邓春平	2011	知识转移绩效、项目成功
曲刚、李伯森	2011	知识转移绩效、项目成功

资料来源：作者根据文献整理得出。

本研究依据 Simonin（1999）[177]、毛基业和邓春平（2011）[178]研究成果，从承接方视角将软件外包项目绩效划分为知识转移和项目成功。知识转移是指在软件外包项目进行过程中接包方从发包方团队成员那里获取知识的效果。项目成功是软件外包项目团队对承接项目及时交付完成，实现预定软件项目目标的实际结果，达到了预期效能即项目成功。

3.2 测量题项的生成

3.2.1 交互记忆测量题项

对于交互记忆的测量，Lewis（2003）将交互记忆划分为专长度、可信度和协调度三个维度，每个维度下设 5 个细分题项进行测量[76]。之后张志学（2006）以大量的高新技术企业为研究对象，验证了 Lewis（2003）提出的量表，并通过实证研究删除了两个不太理想的题项[71]。王端旭（2011）[67] 等根据 Lewis（2003）和张志学（2006）等研究开发的量表，用实证方法证实了交互记忆与团队绩效、团队创造力的影响关系。

本研究在 Lewis（2003）和张志学（2006）等人研究的量表基础之上，结合软件外包情境最终确定交互记忆量表由 10 个问题项组成，包括专长度（4 项）、可信度（3 项）、协调度（3 项）。具体如表 3-9 所示。

表3-9 交互记忆的测量题项

变量	测量题项	出处
专长度 SP	SP1 我们和发包方每个成员都掌握项目所需的专长知识	Lewis（2003）
	SP2 我们了解发包方成员专长知识掌握情况	Lewis（2003）
	SP3 发包方传递给我们的信息或任务都是我们所负责或擅长的	张志学（2006）
	SP4 当我们需要帮助时，知道向发包方中某个具体成员寻求帮助	张志学（2006）

变量	测量题项	出处
可信度 CR	CR1 我们能够舒服地接受发包方成员的建议	Lewis（2003） 张志学 （2006） 王端旭 （2011）
	CR2 我们相信发包方成员掌握的项目知识是可以信赖的	
	CR3 我们相信发包方讨论中提出的信息是可靠的	
协调度 CO	CO1 同发包方一起工作时，协调得很好	Lewis（2003） 张志学 （2006） 莫申江 （2009）
	CO2 发包方和我们对于该做什么很少产生误解	
	CO3 发包方和我们能够顺利而有效率地完成任务	

3.2.2 共享心智测量题项

关于共享心智的测量，Mathieu[113]（2000）在 Cannon–Bowers[7] 的共享心智研究基础上，把团队共享心智测量分为基于项目相关的和基于团队相关的共享心智，并定义两类共享心智的具体内容，项目相关共享心智主要围绕是否理解发包方项目相关知识，标准样题为"我们准确地理解发包方提出的项目目标"，团队相关共享心智主要围绕团队成员是否了解发包方共享心智，标准样题为"我们了解发包方成员的决策方式和工作习惯"。该量表得到学者的广泛认可。

本研究的量表开发，主要依据 Cannon–Bowers（1993）[7] 和 Mathieu（2000）[113] 等学者关于共享心智类型和内容的描述，提出软件项目团队的共享心智量表，共由 7 个测量题项组成，包括项目相关（4 项）和团队相关（3 项）。具体题项见表 3–10。

表3-10　共享心智的测量题项

变量	测量题项	题项来源
项目相关 TA	TA1 我们准确地理解发包方提出的项目目标	Cannon
	TA2 我们和发包方关于项目策略有一致的观点	Mathieu
	TA3 我们和发包方协同制定项目的具体流程	Cannon
	TA4 我们时刻掌握发包方的项目需求情况	Cannon
团队相关 TE	TE1 我们了解发包方成员的决策方式和工作习惯	Salas
	TE2 我们的工作与发包方要求的相一致	Mathieu
	TE3 关于如何与发包方协调配合我们有清晰、准确的认识	Mathieu

3.2.3 知识边界测量题项

本研究采用 Carlile（2004）对于知识边界的维度划分，将知识边界分为语法知识边界、语义知识边界和语用知识边界 [179]，并参照 Carlile（2004）[179] 的测量量表来开发知识边界的测量量表。量表开发结合软件外包项目团队的具体情境，对问题的表述方式以及表达内容进行修改，以期能够适用于软件外包环境中的研究。

知识边界测量题项共增加自编题项 6 个，其中，对语法知识边界测量题项增加自编题项两个：信息是否充足（SYB1）以及是否接受对方的表达方式（SYB4）题项；对语义知识边界测量题项的扩充，增加自编题项两个：需求的变动（SEB1）以及主观性理解（SEB4）题项。对语用知识边界测量题项的增加自编题项两个：从新知识的学习和应用（PRB2）以及利用对方知识来解决问题作为测量的方向（PRB3）。对于知识边界的测量题项，如表 3-11 所示：

表3-11　知识边界的测量题项

变量	测量题项	题项来源
语法边界 SYB	SYB1 发包方提供给我们的项目信息十分充足	自编
	SYB2 我们非常清楚发包方在项目完成过程中的职责	Carlile Kotlarsky
	SYB3 一起工作时，我们和发包方使用彼此通用的专业术语进行交流	Kotlarsky
	SYB4 我们很容易接受发包方的交流和表达方式	自编
语义边界SEB	SEB1 我们很少需要去揣测发包方的需求变动原因	自编
	SEB2 我们很少需要结合自己的实践经验去理解发包方所提供的信息	Kotlarsky
	SEB3 与发包方一起工作时，对于项目目标和项目方案经常有一致的观点	Carlile
	SEB4 与发包方一起工作时，对于同一件事情或问题经常有一致的理解和表述	自编
语用边界PRB	PRB1 与发包方就一个具体问题的解决方案，能够很容易达成一致	Kotlarsky Carlile
	PRB2 为了满足发包方的要求，我们能够从对方学习和应用新的知识	自编
	PRB3 我们与发包方能够无困难地利用对方的知识来解决问题	自编

3.2.4 软件外包项目绩效测量题项

Baccarnid 和 Simonin（1999）认为软件项目的团队绩效即是团队效能，软件外包项目团队效能是指团队实现预定软件项目目标的实际结果，达到了预期效能即认为项目成功[177]。邓春平和毛基业（2012）从承接方的视角，认为软件外包项目团队绩效包括承接方知识获取与应用的知识转移绩效和外包项目成功[156]。Michinov（2009）认为合同管理能力能够影响知识转移绩效[188]。Bosch（2010）认为软件项目质量能够影响项目成功[180]。Akgun（2006）认为接包方对软件项目的满意度会影响项目成功[190]。

软件外包项目绩效的测量，主要依据 Baccarnid 和 Simonin（1999）[177]、邓春平和毛基业（2012）[162] 的研究成果将软件外包项目绩效划分为知识转移绩效和项目成功两个维度，并参考 Lubatkin（1998）[181]、Bosch（2010）[180] 和 Jonsen K（2009）[187] 等人的研究，对部分题项进行修正，形成软件外包项目绩效 6 个测量题项，其中知识转移（3 项）、项目成功（3 项）。具体如表 3–12 所示。

表3–12　项目绩效的测量题项

变量	测量题项	题项来源
知识转移 KT	KT1 通过完成软件外包项目，我们改善了信息技术人才的使用	Simonin（1999）
	KT2 通过完成软件外包项目，我们提升了项目管理能力	Simonin, Baccarnid（1999） 邓春平（2011）
	KT3 通过完成软件外包项目，我们提升了合同管理能力	Lubatkin（1988）
项目成功 PS	PS1 软件项目很好地达到了合同规定的质量要求	Ramachandran（2010）
	PS2 发包方对我们交付的软件项目质量很满意	邓春平（2011）
	PS3 我们对外包项目带来的整体效益很满意	Kon（2004） 毛基业（2011）

3.3 初始量表的开发与检验

3.3.1 初始量表的设计

本研究首先查阅相关的研究文献，界定主要变量及其相关维度，并归纳、整理经典文献中既有的测量项目。其次，在文献研究的基础上，生成相关变量衡量要素的初始测量题项。再次，走访相关企业项目团队管理人员，针对初始测量题项的适宜性进行访谈，获取相关意见与建议，使题项更加符合软件外包的情境，最后，形成初始量表。初始量表共包括三个部分：第一部分为软件外包项目基本情况，包括接包方所在地区、项目内容、项目规模等。第二部分是本调查的主要研究变量，包括交互记忆、共享心智、知识边界和项目绩效。其中交互记忆共 12 个题项，共享心智共 7 个题项，知识边界共 12 个题项，项目绩效共 9 个题项。所有题项采用 Likert5 级量表的形式进行测量，从"1- 非常不符合"到"5- 非常符合"。第三部分是问卷填写者的基本信息，包括被调查者供职时间、担任职位等信息。

问卷设计流程如图 3-1 所示。

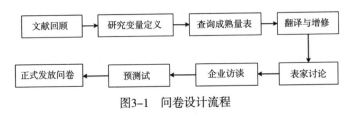

图3-1　问卷设计流程

3.3.2 初始量表的信度与效度分析

本研究主要采用专家咨询的定性分析方法和预测试的定量分析方法对初始量表的信度与效度进行检验。

（1）专家咨询

本研究邀请研究软件外包、知识管理领域的教授和企业的中高层管理者以及相关咨询公司人员对测量题项的语义和具体表述方式进行分析和修订。在此过程中，针对初始量表进行了如下修正：一是专家提出项目绩效量表的中KT6"我们能够准确地理解并应用发包方转移的知识或信息"题项存在歧义，为了防止给问卷填答者带来困扰，因此予以剔除。二是专家提出部分题项中使用了一些较为生僻的专业术语表述，应增加一些注释来帮助填答者进行理解。所以，本研究在量表中添加了一些注释，进而使题项更加容易理解。

（2）预测试结果分析

本研究于2014年7月对大连软件园的三家软件外包企业：东软、IBM和埃森哲进行了预测试。选取有软件外包项目经验的项目团队成员发放问卷，共发放问卷220份，回收问卷220份，在剔除部分无效问卷后，有效问卷210份，有效回收率为95.5%。预测试样本基本信息如表3-13所示。

表3-13　预测试样本基本信息

项目	类别	样本数	百分比
在本公司供职时间	少于1年	30	14.29%
	1~2年	35	16.67%
	2~3年	38	18.10%
	3~4年	24	11.43%
	4~5年	28	13.33%
	5年以上	55	26.19%

续表

项目	类别	样本数	百分比
担任的职位	中高层经理	20	9.52%
	项目经理	28	13.33%
	团队组长	30	14.29%
	业务分析员	27	12.86%
	开发人员	35	16.67%
	测试人员	55	26.19%
	其他	15	7.14%
发包方所在国家或地区	日本	90	42.86%
	美国	41	19.52%
	欧洲	20	9.52%
	香港	7	3.33%
	其他	52	24.76%

根据 Churchill（1979）的建议，在预测试中首先通过 Cronbach a 系数和项目 – 总体相关系数（Corrected item-total correlation，CITC）来检验量表的内部一致性信度，具体标准为 Cronbach a >0.7，每个题项的 CITC 值 >0.50。当删除该题项后 Cronbach a 系数明显提升，或题项 CITC 值 <0.50，则该题项应该予以剔除[182]。其次，通过探索性因子分析检验量表的结构效度。在探索性因子分析中，每个题项在某一维度上的因子负荷大于 0.5，且无跨因子载荷现象，否则应该予以删除。

①内部一致性信度分析

内部一致性检验结果如表 3-14 所示。检验结果发现：在专长度（SP）维度下题项 SP1 和 SP6 的 CITC 系数小于 0.5，予以剔除；在知识转移（KT）维度下 KT5 题项删除后的 Cronbach a 系数大于该维度的 Cronbach a 系数，予以剔除；在语用边界（PRB）维度下 PRB3 题项的 CITC 系数小于 0.5，也予以剔除。

表3-14 内部一致性检验

变量	维度	题项	CITC	题项删除后的a系数	Cronbach a系数	变量	维度	题项	CITC	题项删除后的a系数	Cronbach a系数
交互记忆	SP	SP1	0.31	0.69	0.70	项目绩效	KT	KT1	0.71	0.82	0.86
		SP2	0.53	0.65				KT2	0.74	0.81	
		SP3	0.53	0.62				KT3	0.73	0.81	
		SP4	0.54	0.65				KT4	0.70	0.82	
		SP5	0.58	0.64				KT5	0.52	0.87	
		SP6	0.37	0.67			PS	PS1	0.67	0.77	0.83
	CO	CO1	0.59	0.70	0.80			PS2	0.71	0.74	
		CO2	0.71	0.66				PS3	0.68	0.78	
		CO3	0.66	0.73		知识边界	SYB	SYB1	0.52	0.72	0.76
	CR	CR1	0.68	0.67	0.79			SYB2	0.59	0.69	
		CR2	0.56	0.70				SYB3	0.57	0.70	
		CR3	0.67	0.68				SYB4	0.56	0.70	
共享心智	TA	TA1	0.63	0.68	0.77		SEB	SEB1	0.56	0.57	0.70
		TA2	0.58	0.71				SEB2	0.58	0.64	
		TA3	0.53	0.73				SEB3	0.57	0.64	
		TA4	0.54	0.73				SEB4	0.55	0.65	
	TE	TE1	0.65	0.71	0.79		PRB	PRB1	0.51	0.75	0.77
		TE2	0.62	0.73				PRB2	0.61	0.69	
		TE3	0.64	0.72				PRB3	0.49	0.75	
								PRB4	0.67	0.65	

②效度分析

采用探索性因子分析对每一个分量表的效度进行检验。交互记忆量表 KMO 值为 0.861，Sig 为 0.000，达到显著，共享心智量表 KMO 值为 0.876，Sig 为 0.000，达到显著，知识边界量表 KMO 值为 0.867，Sig 为 0.000，达到显著，项目绩效量表 KMO 值为 0.828，Sig 为 0.000，达到显著，说明数据适合进行探索性因子分析。采用主成分分析法，通过方法最大化正交旋转获取特征值大于 1 的公因子，结果如表 3-15 所示。其中交互记忆量表提取 3 个公因子，累计解释变异量为 74.95%；共享心智量表提取 2 个公因子，累计解释变异量为 66.92%；知识边界量表提取 3 个公因子，累计解释变异量为 76.97%；项目绩效量表提取 2 个公因子，累计解释变异量为73.99%。各个测量题项在单一因子中的符合值大于 0.5，同时不存在跨因子载荷现象，因此不需要删除题项。探索性因子分析的结果表明，各个分量表的结构效度较高。

表3-15　探索性因子分析

测量变量	题项	因子1	因子2	因子3	测量变量	题项	因子1	因子2
交互记忆	CO3	0.829			共享心智	TE3	0.804	
	CO1	0.764				TE2	0.761	
	CO2	0.716				TE1	0.716	
	CR1		0.748			TA2		0.904
	CR2		0.739			TA1		0.769
	CR3		0.734			TA3		0.702
	SP5			0.909		TA4		0.685
	SP4			0.879	项目绩效	KT2	0.900	
	SP3			0.728		KT1	0.851	
	SP2			0.605		KT3	0.832	
知识边界	SYB3	0.818				KT4	0.683	
	SYB2	0.794				PS2		0.858
	SYB4	0.600				PS1		0.847
	SYB1	0.520				PS3		0.802
	PRB4		0.793					
	PRB1		0.734					
	PRB2		0.732					

续表

测量变量	题项	因子1	因子2	因子3	测量变量	题项	因子1	因子2
知识边界	SEB3		0.524					
	SEB2			0.871				
	SEB1			0.831				
	SEB4			0.531				

通过上述检验，形成正式量表，其中交互记忆包括 10 个题项，共享心智包括 7 个题项，知识边界包括 11 个题项，项目绩效包括 7 个题项。所有题项采用 Likert5 级量表的形式进行测量，从"1– 非常不符合"到"5– 非常符合"。

3.4 正式调研及量表检验

3.4.1 正式调研过程

本研究的正式调研设计与实施主要包括如下几个阶段：

（1）样本选取

由于北京和大连两地软件企业较多、较密集，且承担着相对较多、较复杂的软件外包项目，因此本研究选取了北京和大连软件园从事软件外包业务的企业项目团队作为预测问卷和正式问卷的发放对象，包括东软、海辉、埃森哲、Oracle、IBM、博彦等多家知名涉外企业。被测者需要有软件外包项目管理经验或者能够与发包方发生频繁的接触。

（2）调研方式

为了方便填答者填写问卷，并减少调研的开支，作者主要采用邮寄问卷的方式，并事先准备好预付邮费的信封，如果在规定的时间内没有寄回，则采用电话或电子邮件的方式进行询问。此外，问卷采用匿名的方式以确保问卷填写者的个人隐私得到保护。

（3）样本大小确定

由于本研究主要采用结构方程模型进行数据分析，而结构方程模型需要较大的数据样本，且对具体样本大小还未达成共识。Anderson 和 Gerbing（1988）[183] 认为 100~150 个样本是样本数量的底线。Boomsma（1982）认为 400 个样本才是合理的 [184]。Nunnally 和 Berstein（1994）建议问卷发放量应为测量题项的 5~10 倍。而且，较大样本量有利于保障数据分析结果的稳定性。因此，本研究最终拟发放 600 份问卷 [185]。

（4）问卷发放

确定研究对象后，于 2014 年 8 月至 2015 年 1 月间向北京和大连从事软件外包业务的多个企业项目团队发放问卷共计 600 份。

（5）删选原则

对回收的问卷采用以下原则删选：一是问卷中有多处缺答者。二是问卷的填写呈现一定的分布，如所有题项均选择一个答案。三是同一企业回收的问卷笔迹明显相同者。

通过对问卷进行筛选后，最后得到有效问卷 524 份，有效回收率为 87.3%。

3.4.2 样本的基本信息

（1）样本企业描述性统计分析

调查企业的基本信息如表 3-16 所示。其中项目团队中发包方参与人数均值为 14 人，接包方参与人数均值为 37 人，项目持续时间均值为 18.4 个月，外包主要业务来源地为日本和美国。调查企业的基本信息基本能够反映出前文提出的国内软件外包项目基本特征：国内主要接包方以承接日本的项目为主，其次为美国；外包项目需要发包方和接包方共同参与，接包方人数约为发包方的 2~3 倍。

表3-16　样本企业情况

项目	平均值	标准差	中位数
发包方参与人数	14.0	6.0	31.1
接包方参与人数	37.3	12.0	53.9
项目持续时间	18.4	10.0	21.9
客户所在地区	日本43.0%	美国24.5%	欧洲9.1%	香港3.0%	其他20.4%

（2）个体样本描述性统计分析

被调查者的基本情况包括样本团队成员在其公司的供职时间、担任的职位两个问题。如表 3-17 所示，被调查者中大多在公司供职 1 年以上，且主要担任项目团队中的关键岗位，表明他们能够较好地理解本研究的调查内容，能够比较真实客观地回答问题。

表3-17　个体样本特征情况

项目	类别	样本数	百分比
在本公司供职时间	少于1年	77	14.69%
	1~2年	89	16.98%
	2~3年	85	16.22%
	3~4年	63	12.02%
	4~5年	68	12.98%
	5年以上	142	27.10%

项目	类别	样本数	百分比
担任的职位	中高层经理	34	6.49%
	项目经理	66	12.60%
	团队组长	92	17.56%
	业务分析员	68	12.98%
	开发人员	84	16.03%
	测试人员	128	24.43%
	其他	52	9.92%

3.4.3 量表的效度和信度分析

本研究首先采用探索性因子分析、验证性因子分析的方式对量表的结构效度进行检验，并进行收敛效度和区别效度的检验。其次，采用 Cronbach a 系数和 CITC 来检验量表的内部一致性信度。

（1）交互记忆量表的效度和信度检验

① 探索性因子分析与验证性因子分析

根据数据分析的要求，探索性因子分析与验证性因子分析需要采用两个不同的样本。因此，本研究将 524 个样本划分为样本 1 和样本 2 两组样本，每组样本包含 262 个样本。

对交互记忆量表进行探索性因子分析，结果表明 KMO 值为 0.894，Sig 为 0.000，数据适合进行因子分析。采用主成分分析法，通过方差最大的正交旋转法提取出 3 个特征值大于 1 的公因子，累计解释变异量为 71.57%。从表 3-18 可知，10 个题项在所在维度上的因素负荷均超过了 0.636，符合最低要求 0.5 的标准。

表3-18　交互记忆量表的探索性因子分析（n_1=262）

测量题项	因子1	因子2	因子3
SP3	0.870		
SP4	0.777		
SP2	0.707		
SP1	0.669		
CR3		0.718	
CR2		0.703	
CR1		0.636	
CO1			0.789
CO2			0.733
CO3			0.715

验证性因子分析的结果如图 3-2 和表 3-19 所示。验证性因子分析有很多检验标准，本研究选取卡方检验（χ^2）、拟合优度指数 (GFI)、修正拟合优度指数 (AGFI)、不规范拟合指数 (NNFI)、比较拟合优度指数 (CFI)、近似误差均方根估计 (RMSEA)、标准化残差均方根 (SRMR) 七个指标作为检验比较的标准。χ^2 检验是最常用的检验指标，如果 χ^2 值与自由度之比小于 2，可认为模型拟合较好；如果 χ^2 值与自由度之比小于 5，表明模型尚可接受。GFI 和 AGFI 是绝对拟合指标，衡量假设模型与样本数据的拟合程度。两个指标大于 0.90，认为模型拟合好。CFI 和 NNFI 是相对拟合指标，主要用来对不同的模型进行比较，越接近 1 越好。另外，RMSEA 和 SRMR 是近似误差指数，也属于绝对拟合指数的范畴。两个指标越接近 0 表明拟合越好，RMSEA 值的解释标准如下：0 代表完全拟合；< 0.05 代表接近拟合；0.05~0.08 代表相当拟合；0.08~0.10 代表一般拟合；> 0.10 代表不拟合。SRMR 小于 0.08 表明模型较好地拟合了原始数据，大于 0.08 时，认为模型拟合不好。

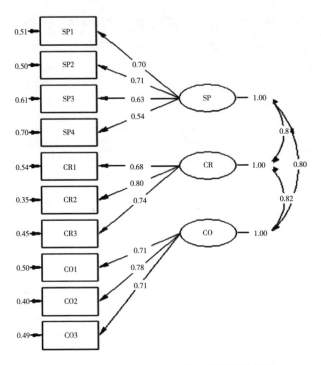

图3-2 交互记忆量表的验证性因子分析路径图

表3-19 交互记忆量表验证性因子分析拟合指标（n_2=262）

拟合指标	χ^2	df	χ^2/df	GFI	AGFI	NNFI	CFI	RMSEA	SRMR
三因子模型	77.87	32	2.43	0.94	0.90	0.96	0.98	0.074	0.048

从表3-19的结果可以看出，交互记忆量表验证性因子分析的各项拟合指标均达到了相关要求。探索性因子分析与验证性因子分析的结果表明，交互记忆量表具有较高的结构效度。

② 收敛效度检验

收敛效度是指测量的不同题项之间的相关程度（simonin，2015）[186]，可以通过评价题项的标准化因子负荷系数和平均方差提取量（AVE）来检验。表3-20列出了各题项的标准化因子负荷系数和AVE值。

表3-20 交互记忆的收敛效度分析（n=524）

维度	题项	标准化因子负荷系数	T值	标准化误差项	AVE值
专长度	SP1	0.75	14.75	0.44	0.59
	SP2	0.79	15.89	0.38	
	SP3	0.76	12.23	0.42	
	SP4	0.78	12.77	0.39	
可信度	CR1	0.71	17.29	0.50	0.64
	CR2	0.81	20.87	0.34	
	CR3	0.75	18.87	0.43	
协调度	CO1	0.74	18.14	0.45	0.61
	CO2	0.72	17.59	0.48	
	CO3	0.74	18.23	0.45	

检验结果显示，交互记忆量表中各测量题项的标准化因子负荷系数介于 0.71~0.81 之间，符合学者建议的 0.70 的评价标准，而 AVE 值在 0.59~0.64 之间，也符合学者 simonin（2015）提出的 0.50 的最低标准[186]。因此，交互记忆量表具有较高的收敛效度。

③区别效度检验

所谓区别效度是某一测量维度与其他维度在特质上的差别程度。本研究采用 Anderson and Gerbing（1988）[183] 提出的用不同维度 AVE 指数的平方根与不同维度之间相关系数的比较来检验区别效度。当某个维度的 AVE 指数的平方根大于维度之间的相关系数，可以说明各维度之间具有较高的区别效度。具体结果如表 3-21 所示。

表3-21 交互记忆的区别效度分析（n=524）

维度	SP	CR	CO
SP	（0.768）		

续表

维度	SP	CR	CO
CR	0.572**	（0.800）	
CO	0.526**	0.665**	(0.781)

注：**表示在 .01 水平（双侧）上显著相关。

（　）中的数字为AVE的平方根。

从上表可见，每个维度的 AVE 指数平方根均大于该维度与其他维度之间的相关系数，表明交互记忆量表具有较高的区别效度。

④ 内部一致性信度分析

交互记忆量表中各题项的 CITC 系数均大于 0.5，Cronbach α 系数均大于 0.7，表明交互记忆量表具有较高的内部一致性信度（如表 3-22）。

表3-22　交互记忆量表的内部一致性检验（n=524）

维度	题项	CITC	题项删除后的 a 系数	Cronbach a系数
SP	SP2	0.525	0.634	0.713
	SP3	0.554	0.617	
	SP4	0.503	0.688	
	SP5	0.508	0.657	
CR	CR1	0.570	0.785	0.790
	CR2	0.695	0.646	
	CR3	0.635	0.712	
CO	CO1	0.619	0.706	0.782
	CO2	0.620	0.705	
	CO3	0.621	0.703	

（2）共享心智量表的效度和信度检验

① 探索性因子分析与验证性因子分析

对共享心智量表进行探索性因子分析，结果表明 KMO 值为 0.882，

Sig 为 0.000，数据适合进行因子分析。采用主成分分析法，通过方差最大的正交旋转法提取出 2 个特征值大于 1 的公因子，累计解释变异量为62.15%。从表 3-23 可知，7 个题项在所在维度上的因素负荷均超过了0.544，符合最低要求 0.5 的标准。

表3-23　共享心智量表的探索性因子分析（n₁=262）

测量题项	因子1	因子2
TA2	0.893	
TA1	0.793	
TA3	0.638	
TA4	0.544	
TE2		0.778
TE3		0.766
TE1		0.700

验证性因子分析的结果如图 3-3 和表 3-24 所示。

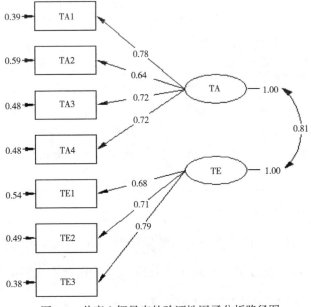

图3-3　共享心智量表的验证性因子分析路径图

表3-24　共享心智量表验证性因子分析拟合指标（n_2=262）

拟合指标	χ^2	df	χ^2/df	GFI	AGFI	NNFI	CFI	RMSEA	SRMR
二因子模型	18.66	13	1.43	0.98	0.96	0.99	0.99	0.041	0.025

从表 3-24 的结果可以看出，共享心智量表验证性因子分析的各项拟合指标均达到了相关要求。探索性因子分析与验证性因子分析的结果表明，共享心智量表具有较高的结构效度。

② 收敛效度检验

表 3-25 列出了各题项的标准化因子负荷系数和 AVE 值。检验结果显示，共享心智量表中各测量题项的标准化因子负荷系数介于 0.68~0.77 之间，基本满足大于 0.70 的评价标准，而 AVE 值分别为 0.51 和 0.53，也符合学者提出的 0.50 的最低标准。因此，共享心智量表具有较高的收敛效度。

表3-25　共享心智的收敛效度分析（n=524）

维度	题项	标准化因子负荷系数	T值	标准化误差项	AVE值
项目相关	TA1	0.77	19.27	0.41	0.51
	TA2	0.71	16.70	0.50	
	TA3	0.68	16.22	0.54	
	TA4	0.69	15.83	0.52	
团队相关	TE1	0.72	17.46	0.48	0.53
	TE2	0.73	17.86	0.46	
	TE3	0.74	18.09	0.45	

③ 区别效度检验

共享心智量表区别效度分析的结果如表 3-26 所示。由检验结果可知每个维度的 AVE 指数平方根均大于该维度与其他维度之间的相关系数，表明共享心智量表具有较高的区别效度。

表3-26　共享心智的区别效度分析（n=524）

维度	TA	TE
TA	(0.714)	
TE	0.684**	(0.728)

注：** 表示在 .01 水平（双侧）上显著相关。

（ ）中的数字为 AVE 的平方根。

④ 内部一致性信度分析

共享心智量表中各题项的 CITC 系数均大于 0.5，Cronbach α 系数均大于 0.7，表明共享心智量表具有较高的内部一致性信度（如表 3-27）。

表3-27　共享心智量表的内部一致性检验（n=524）

维度	题项	CITC	题项删除后的 a 系数	Cronbach a 系数	维度	题项	CITC	题项删除后的 a 系数	Cronbach a 系数
TA	TA1	0.659	0.706	0.789	TE	TE1	0.597	0.712	0.775
	TA2	0.580	0.746			TE2	0.619	0.688	
	TA3	0.570	0.752			TE3	0.617	0.690	
	TA4	0.587	0.743						

（3）知识边界量表的效度和信度检验

① 探索性因子分析与验证性因子分析

对知识边界量表进行探索性因子分析，结果表明 KMO 值为 0.914，Sig 为 0.000，数据适合进行因子分析。采用主成分分析法，通过方差最大的正交旋转法提取出 3 个特征值大于 1 的公因子，累计解释变异量为 76.57%。从表 3-28 可知，11 个题项在所在维度上的因素负荷均超过了 0.564，符合最低要求 0.5 的标准。

表3-28　知识边界量表的探索性因子分析（n₁=262）

测量题项	因子1	因子2	因子3
SYB3	0.746		
SYB2	0.727		
SYB4	0.645		
SYB1	0.564		
PRB2		0.799	
PRB3		0.774	
PRB1		0.639	
SEB2			0.846
SEB1			0.804
SEB3			0.636
SEB4			0.608

验证性因子分析的结果如图 3-4 和表 3-29 所示。

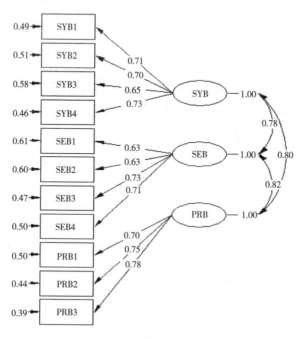

图3-4　知识边界量表的验证性因子分析路径图

表3-29 知识边界量表验证性因子分析拟合指标（$n_2=262$）

拟合指标	χ^2	df	χ^2/df	GFI	AGFI	NNFI	CFI	RMSEA	SRMR
三因子模型	131.98	41	3.22	0.92	0.86	0.95	0.96	0.082	0.052

从表3-29的结果可以看出，知识边界量表验证性因子分析的各项拟合指标均达到了相关要求。探索性因子分析与验证性因子分析的结果表明，知识边界量表具有较高的结构效度。

②收敛效度检验

表3-30列出了各题项的标准化因子负荷系数和AVE值。检验结果显示，知识边界量表中各测量题项的标准化因子负荷系数介于0.69~0.78之间，基本满足大于0.70的评价标准，而AVE值介于0.50~0.56之间，也符合学者提出的0.50的最低标准。因此，知识边界量表具有较高的收敛效度。

表3-30 知识边界的收敛效度分析（n=524）

维度	题项	标准化因子负荷系数	T值	标准化误差项	AVE值
语法边界	SYB1	0.71	15.62	0.49	0.50
	SYB2	0.70	15.29	0.51	
	SYB3	0.69	14.91	0.52	
	SYB4	0.73	16.26	0.46	
语义边界	SEB1	0.73	16.32	0.46	0.52
	SEB2	0.72	15.95	0.48	
	SEB3	0.73	16.16	0.46	
	SEB4	0.71	15.35	0.50	
语用边界	PRB1	0.70	15.44	0.50	0.56
	PRB2	0.75	16.75	0.44	
	PRB3	0.78	17.65	0.39	

③ 区别效度检验

知识边界量表区别效度分析的结果如表 3–31 所示。由检验结果可知每个维度的 AVE 指数平方根均大于该维度与其他维度之间的相关系数，表明知识边界量表具有较高的区别效度。

表3–31　知识边界的区别效度分析（n=524）

维度	SYB	SEB	PRB
SYB	（0.707）		
SEB	0.558**	（0.721）	
PRB	0.599**	0.633**	(0.748)

注：** 表示在 .01 水平（双侧）上显著相关。

（ ）中的数字为 AVE 的平方根。

④ 内部一致性信度分析

知识边界量表中各题项的 CITC 系数均大于 0.5，Cronbach α 系数均大于 0.7，表明知识边界量表具有较高的内部一致性信度（如表 3–32）。

表3–32　知识边界量表的内部一致性检验（n=524）

维度	题项	CITC	题项删除后的 a 系数	Cronbach a 系数
SYB	SYB1	0.567	0.764	0.794
	SYB2	0.633	0.730	
	SYB3	0.614	0.738	
	SYB4	0.608	0.741	
SEB	SEB1	0.579	0.659	0.742
	SEB2	0.548	0.682	
	SEB3	0.536	0.688	
	SEB4	0.512	0.700	
PRB	PRB1	0.567	0.745	0.774
	PRB2	0.639	0.670	
	PRB3	0.630	0.672	

（4）项目绩效量表的效度和信度检验

①探索性因子分析与验证性因子分析

对项目绩效量表进行探索性因子分析，结果表明 KMO 值为 0.756，Sig 为 0.000，数据适合进行因子分析。采用主成分分析法，通过方差最大的正交旋转法提取出 2 个特征值大于 1 的公因子，累计解释变异量为 65.656%。从表 3-33 可知，6 个题项在所在维度上的因素负荷均超过了 0.792，符合最低要求 0.5 的标准。

表3-33 项目绩效量表的探索性因子分析（n_1=262）

测量题项	因子1	因子2
KT2	0.812	
KT3	0.803	
KT1	0.803	
PS1		0.755
PS3		0.737
PS2		0.725

验证性因子分析的结果如图 3-5 和表 3-34 所示。

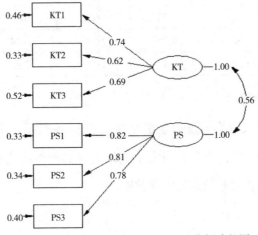

图3-5 项目绩效量表的验证性因子分析路径图

表3-34 项目绩效量表验证性因子分析拟合指标（n_2=262）

拟合指标	χ^2	df	χ^2/df	GFI	AGFI	NNFI	CFI	RMSEA	SRMR
三因子模型	17.10	8	2.14	0.98	0.94	0.98	0.99	0.066	0.036

从表3-34的结果可以看出，项目绩效量表验证性因子分析的各项拟合指标均达到了相关要求。探索性因子分析与验证性因子分析的结果表明，项目绩效量表具有较高的结构效度。

② 收敛效度检验

表3-35列出了各题项的标准化因子负荷系数和AVE值。检验结果显示，项目绩效量表中各测量题项的标准化因子负荷系数介于0.71~0.85之间，满足大于0.70的评价标准，而AVE值分别为0.54和0.61，也符合学者提出的0.50的最低标准。因此，项目绩效量表具有较高的收敛效度。

表3-35 项目绩效的收敛效度分析（n=524）

维度	题项	标准化因子负荷系数	T值	标准化误差项	AVE值
知识转移	KT1	0.74	17.29	0.45	0.54
	KT2	0.74	17.28	0.45	
	KT3	0.71	16.53	0.49	
项目成功	PS1	0.73	16.06	0.46	0.61
	PS2	0.75	16.37	0.44	
	PS3	0.85	18.55	0.28	

③ 区别效度检验

项目绩效量表区别效度分析的结果如表3-36所示。由检验结果可知每个维度的AVE指数平方根均大于该维度与其他维度之间的相关系数，表明区别效度量表具有较高的区别效度。

表3-36　区别效度的区别效度分析（n=524）

维度	KT	PS
KT	(0.734)	
PS	0.355**	(0.781)

注：** 表示在 .01 水平（双侧）上显著相关。

（ ）中的数字为 AVE 的平方根。

④ 内部一致性信度分析

项目绩效量表中各题项的 CITC 系数均大于 0.5，Cronbach α 系数均大于 0.7，表明项目绩效量表具有较高的内部一致性信度（如表 3-37）。

表3-37　量表的内部一致性检验（n=524）

维度	题项	CITC	题项删除后的α系数	Cronbach α系数	维度	题项	CITC	题项删除后的α系数	Cronbach α系数
KT	KT1	0.610	0.694	0.774	PS	PS1	0.643	0.774	0.817
	KT2	0.617	0.690			PS2	0.697	0.719	
	KT3	0.605	0.703			PS3	0.668	0.749	

3.5　本章小结

本章首先在对国内外文献梳理和整理的基础上，修订交互记忆量表、共享心智量表、知识边界量表和项目绩效量表。然后采用问卷调研的方法获得原始数据，并对量表的内部一致性信度、结构效度、收效效度和区别效度进行检验。结果表明，交互记忆、共享心智、知识边界和项目绩效量表均具有较高的信度和效度。

交互记忆量表共剔除了 SP1 和 SP6 两个题项，最终确定了专长度、可信度和协调度三个维度 10 个题项的量表；共享心智量表所有题项均通过了检验，最终确定了项目相关和团队相关两个维度 7 个题项的量表；知识边界量表剔除了 PRB3 题项，最终确定了语法边界、语义边界和语用边界三个维度 11 个题项的量表；项目绩效量表剔除了 KT4 和 KT5 量表，最终确定了知识转移和项目成功两个维度 6 个题项的量表。

4

交互记忆对软件外包
团队项目绩效的影响作用

4.1 引言

随着对软件外包项目团队研究的深入，交互记忆作为一种团队认知和知识转移机制，近年来受到国内外学者的关注。张钢（2012）认为交互记忆不仅能使团队成员迅速获得广泛领域的专业知识，而且能够改善团队知识的整合过程 [82]。Jehn（2009）的研究表明由相互熟悉的成员组成的团队表现得更好 [187]。Moreland（2000）认为他们有可能了解各自的专长，从而由彼此更加熟识的成员组成的项目团队表现得更好，更有可能提高团队绩效 [70]。Wegner（1987）认为在具有交互记忆的团队中，当某一个团队成员在自己负责的工作中遇到不是自己擅长的专业问题时，便会通过成熟的团队交互记忆向团队内掌握该专业领域知识的成员进行求助，这不仅可以减少该成员自己检索知识花费的时间，还能够确保问题得以正确解决，在保证自己本职工作顺利进行的基础上，提高团队整体任务的完成速度 [73]。Moreland（2000）认为交互记忆将团队信息和知识进行分类存储、交换，可以使知识型团队更有效、更快速地检索知识，从而解决问题 [70]。

交互记忆是软件外包项目团队成员之间形成的一种彼此依赖和共享的，用以获得、储存、运用来自不同领域知识以弥补自身不足的合作分工系统。交互记忆由专长度、可信度、协调度三个维度构成。

软件外包团队项目绩效是指对承接项目能否达成企业经济及技术利益并及时交付完成和提供满意服务。软件外包团队项目绩效由知识转移和项目成功两个维度构成。

　　基于此，本书以软件外包企业的软件外包团队为切入点，采用问卷调查法，以大连、北京软件外包团队项目成员为研究样本，研究交互记忆对软件外包团队项目绩效的影响作用，本章从专长度、可信度、协调度三个维度测量交互记忆，从知识转移和项目成功两个维度来测量软件外包团队项目绩效，通过构建结构方程模型，分析交互记忆的专长度、可信度和协调度对软件外包团队项目绩效的知识转移和项目成功的影响作用。为提升软件外包团队项目绩效提供有效的理论依据和实证依据。

4.2　理论分析与研究假设

　　目前，国内外学者主要以一般团队和知识密集型团队为研究对象，来研究交互记忆如何在团队中发挥作用。Michinov（2009）针对交互记忆与协作学习绩效的关系研究发现，交互记忆能够促使高水平的专长知识交互行为发生，而专长知识交互行为使得团队成员进一步提升专业知识和技能，进而提高团队整体学习绩效，即团队成员的交互记忆与协作学习绩效显著正相关[188]。Lewis（2005）的研究发现交互记忆能够使成员更加准确地了解其他成员的专长知识领域，提高团队整体的认知效率，满足不同成员对任务和知识的需求，进而促进团队绩效[189]。Akgun（2006）的研究表明交互记忆不仅能够促进团队学习，而且能够提高项目产品成功率[190]。

　　软件外包团队和一般团队相比，由于软件项目的复杂性，更加注重团队合作，因此，更加需要团队成员之间形成交互记忆。本节研究主要针对软件外包团队成员之间交互记忆的三个维度（专长度、协调度和可信度）与软件外包项目绩效的两个维度（知识转移和项目成功）的关系进行具体分析。

知识转移是指在软件外包项目进行过程中接包方从发包方团队成员那里获取知识的效果。项目成功是指软件外包项目团队对承接项目及时交付完成，实现预定软件项目目标的实际结果，达到了预期效能即项目成功。

4.2.1 专长度与项目绩效的关系

专长度是指团队成员在知识处理过程中感知彼此专业知识领域差异化的程度。交互记忆专长度可理解为在软件外包项目团队运行过程中，团队成员内部会形成不同的任务分工，随着软件外包项目团队的不断积累，团队成员逐渐成为各自不同专业领域的专家，这种明确的分工有利于团队成员清晰地知道哪位成员是哪方面的专家，知道各自专长所在的位置以及哪里需要专长，从而使团队成员可以快速获取完成任务所需要的各自不同领域的知识。

Faraj（2016）指出，软件开发团队关于专长位置的共识对团队绩效具有显著的积极影响[191]。Alavi 和 Tiwana（2002）指出群体或团队成员只有在知道谁具有哪方面的知识和专长，这些知识和专长存储在哪里以及何时何地需要的时候，知识网络才是最有效的[192]。Borgatii 和 Cross（2003）指出分布式知识系统中个人更愿意向那些自己知道有哪些专长的人搜索信息[193]。李伯森（2011）认为软件外包项目开发所需的知识分布在不同成员中，团队成员都需要依赖其他成员获取、处理和沟通不同领域的专长和知识，以减轻认知负担[63]。因此，团队成员对团队中专业知识所在位置达成共识非常关键。曲刚（2014）认为在软件外包项目团队中，交互记忆的专长度能促进团队成员快速完成软件项目所需要的技术和业务领域知识，从而保证顺利完成软件任务[194]。

在软件外包项目进行过程中，发包方与承接方之间需要不断进行知识交流，共享项目业务等相关知识，从而使承接方能够学到并应用相关知识，团队成员需要依赖其他成员充分获取和整合多学科、多领域的专业知识并结合新信息共同解决项目开发过程遇到的技术、业务和管理问题，以减轻认知负担。因此，对团队中专业知识所在位置达成共识非常关键，交互记忆要求团队成员将彼此看成是记忆辅助的关键因素，进而弥补自己的认知有限性和对知识准确性质疑的记忆。

总之，专长度对软件外包团队成员的知识转移与项目成功起着至关重要的作用，只有对专业知识分布位置达成共识，才能够使团队成员更好地预测其他成员的行为，从而增加用于决策制定和问题解决的知识储备。

基于以上分析，本书提出如下研究假设：

H1：专长度对软件外包项目绩效有显著正向影响。具体包括：

H1a：专长度对软件外包项目的知识转移绩效有显著正向影响。

H1b：专长度对软件外包项目的项目成功有显著正向影响。

4.2.2 可信度与项目绩效的关系

可信度是指团队成员对彼此专业知识准确性的信任程度。其研究主要关注基于知识和能力等认知因素的信任，原因在于团队成员基于知识和能力的信任是整合软件外包团队任务执行过程中的成员交互记忆的关键因素。已有的研究表明，具有良好交互记忆的团队，成员对彼此的知识和完成任务的能力存在高度的信任。Liang（2010）指出具有良好交互记忆的团队，成员对彼此的知识非常信任，成员间没有必要清晰地陈述或证明自己的知识和能力[195]。Weick 和 Roberts（1993）指出，为了协调团队成员间的知识，他们必须信任彼此的能力[196]。Zand（1996）认为，当团队成员间高度信任时，他们能更加自由、更加开放地共享信息和知识，能够准确地定位和利用其他成员的知识和技能，也更愿意成为团队中的一部分[197]。Huemer（2007）认为具有高度信任的团队，成员能一起更好地协作完成任务工作，当一个人信任他人，才会依赖对方的专长[198]。

在软件外包项目团队中，团队成员除了需要知道专长分布的位置之外，还需要对其他成员完成他们的任务的知识和能力给予充分的信任。成员间的信任，可以让他们更易于了解其他成员的专长和知识缺陷。如果团队成员形成了认知信任，他们就会更少地监督他人的行为，也不会在寻求帮助的时候试图获得来自多方的、重复的信息，这样成员之间的合作效率更高。相反，如果在团队中，一个成员不信任其他成员，就很难形成专业的、互补的知识和技能，也就减少了用以完成任务的知识总量，降低了团队协调地完成任务的能力。因此，基于能力的信任有助于减少软件外包团队项目绩效的风险。

相比一般的团队组织，软件外包项目团队更多呈现出临时组织的特征，团队成员来自不同的组织，具有不同的知识背景，在有限的时间和成本预算下，需要共同完成软件项目。由于外包项目中的知识传递经常发生在有限的时间内且团队成员并不是非常熟悉，导致基于情感的信任也就很难形成，因此，软件外包项目团队中基于知识和能力的信任更加重要。

总之，可信度对软件外包团队成员的知识转移与项目成功起着至关重要的作用，只有团队成员彼此信任，才能够使团队成员形成高效的、专业的互补知识和技能，才能提高软件外包团队的项目绩效。

基于以上分析，本书提出如下研究假设：

H2：可信度对软件外包项目绩效有显著正向影响。具体内容包括：

H2a：可信度对软件外包项目的知识转移绩效有显著正向影响。

H2b：可信度对软件外包项目的项目成功有显著正向影响。

4.2.3 协调度与项目绩效的关系

协调度是指信息交流过程中团队成员合作程度的协调性。Moreland（1999）认为交互记忆的另外一个因素是信息交流过程中团队成员合作的流畅程度，也就是团队成员合作程度是否协调[70]。以往关于交互记忆的研究表明，亲密伙伴能够迅速地将彼此的知识和专长结合起来，表明他们之间形成的交互记忆能够使他们有效地协调双方的任务。

Liang 和 Zeger（1986）认为团队成员能够更好地各自负责自己的任务、协调彼此的任务的小组，完成任务的质量也更高[199]。NAE Byrne（2005）认为要充分发挥软件外包项目团队中专长的潜能，必须管理和协调专长，有效地管理团队成员知识和任务的互依性，这样才能更充分地利用和整合彼此的专长[200]。王远（2013）认为协调度是团队成员在实行任务的过程中合作的程度[159]。Brandon 和 Hollingshead（2004）指出为了有效地完成复杂的项目，团队成员不光需要知道团队中谁知道什么，还需要知道谁正在做什么[201]。

充分发挥软件外包项目团队中各个成员的专长，进行管理和协调，有效地管理团队成员知识和任务的互依性，才能更充分地利用和整合彼此的专长。为了使团队成员彼此合作的协调度配合得恰到好处，团队成员除了需要清楚地了解谁知道什么外，还需要了解任务如何划分和指派，以及各个分任务之间的联系。团队成员在彼此合作沟通过程中彼此协调度高，可以把更多的时间和精力专注于自己的知识领域，这样降低了团队成员掌握全面知识的负担。

总之，协调度对软件外包团队成员的知识转移与项目成功起着至关重要的作用，只有团队成员彼此合作协调度增强，才能更好地促进和提高软件外包团队项目绩效。

基于以上分析，本书提出如下研究假设：

H3：协调度对软件外包项目绩效有显著正向影响。具体内容包括：

H3a：协调度对软件外包项目的知识转移绩效有显著正向影响。

H3b：协调度对软件外包项目的项目成功有显著正向影响。

4.2.4 研究模型与研究假设

基于上述分析，提出如图4-1所示的研究模型。相关研究假设汇总于表4-1中。

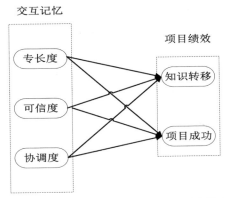

图4-1 交互记忆对项目绩效影响的研究模型

表4-1 研究假设总结

假设	假设描述
H1a	专长度对软件外包项目的知识转移绩效有显著正向影响
H1b	专长度对软件外包项目的项目成功有显著正向影响
H2a	可信度对软件外包项目的知识转移绩效有显著正向影响

H2b	可信度对软件外包项目的项目成功有显著正向影响
H3a	协调度对软件外包项目的知识转移绩效有显著正向影响
H3b	协调度对软件外包项目的项目成功有显著正向影响

4.3 交互记忆对软件外包团队项目绩效的影响模型构建与检验

4.3.1 结构方程模型构建

理论上讲，结构方程模型可以由三个矩阵方程式表达，公式（4.1）~公式（4.3）为结构方程模型的三个基本方程式。

$$\eta = B\eta + \Gamma\xi + \zeta \tag{4.1}$$

$$y = \Lambda_y\eta + \varepsilon \tag{4.2}$$

$$x = \Lambda\xi + \delta \tag{4.3}$$

其中 η 是潜在内生变量或者内生变量的 $m \times 1$ 阶任意向量；Γ 是结构模型中 ξ 变量的 $n \times n$ 阶相关系数矩阵；ξ 是潜在自变量或者外生变量的 $n \times 1$ 阶任意向量；B 是结构模型中 η 变量的 $m \times n$ 阶相关系数矩阵；ζ 是结构方程中的随机误差的 $m \times 1$ 阶任意向量。

本研究中，交互记忆对项目绩效的初始结构方程模型的表达形式如图 4-2 所示。模型中包括 5 个变量，分别是：专长度（ξ_1）、可信度（ξ_2）、协调度（ξ_3）、知识转移（η_1）、项目成功（η_2），其中，专长度（ξ_1）、可信度（ξ_2）、协调度（ξ_3）为自变量（即外生变量），知识转移（η_1）、项目成功（η_2）为因变量（即内生变量）。X_i代表交互记忆各维度下的具体测量题项，Y_i代表项目绩效下各维度的具体测量题项，β_i代表各路径的标准化回归系数。

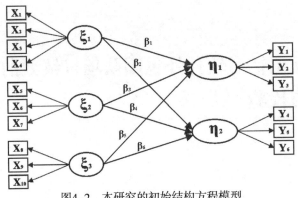

图4-2　本研究的初始结构方程模型

4.3.2 主要变量的描述性统计

各主要变量的描述性统计指标如表4-2所示。结果表明，交互记忆中的专长度、可信度和协调度的平均值均高于3.5分，表明软件外包项目团队中确实存在交互记忆；知识转移绩效和项目成功的平均值在4分左右，表明软件外包项目基本能够达到成功。

表4-2　主要变量的描述性统计分析（n=524）

主要变量		样本数	均值	中值	标准差
交互记忆	专长度（SP）	524	3.574	3.500	0.695
	可信度（CR）	524	3.749	4.000	0.741
	协调度（CO）	524	3.792	4.000	0.700
项目绩效	知识转移（KT）	524	3.906	4.000	0.721
	项目成功（PS）	524	4.045	4.000	0.684

4.3.3 主要变量的相关分析

运用结构方程模型技术对研究模型进行检验前，需要对研究假设进行初步分析，检验各变量之间的相关性。一般情况下，如果两个变量具有显著的相关关系，就可以继续进行下一步结构方程模型检验，如果两个变量不具有显著的相关关系，则表明研究假设没有通过初步检验，即研究假设未得到支持。

相关分析的结果如表 4-3 所示。结果显示，交互记忆各维度（专长度、可信度和协调度）与项目绩效各维度（知识转移和项目成功）之间均存在显著的正相关关系。但是，相关分析只能检验两个变量间的相关性，不能明确两个变量之间的因果关系，因此，需要进一步通过结构方程模型分析对研究假设进行检验。

表4-3　主要变量的相关分析（n=524）

主要变量	SP	CR	CO	KT	PS
SP	1				
CR	0.572**	1			
CO	0.526**	0.665**	1		
KT	0.366**	0.416**	0.386**	1	
PS	0.304**	0.420**	0.491**	0.355**	1

注：** 表示在 0.01 水平（双侧）上显著相关。

4.3.4 结构方程模型检验分析

基于本章所构建的初始结构方程模型，检验交互记忆各维度与项目绩效各维度之间的路径关系，检验结果如图 4-3 所示，模型的拟合指标如表

4-4 所示。

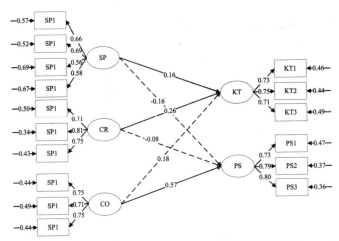

图4-3 交互记忆与项目绩效关系的结构方程模型分析结果（n=524）

表4-4 反映出各项拟合指标均达到了各自的要求，说明本章所构建的理论模型与数据的拟合情况较好，模型可以接受。

表4-4 模型的拟合指标（n=524）

χ^2	f	χ^2/f	GFI	AGFI	NNFI	CFI	SRMR	RMSEA
191.24	94	2.03	0.96	0.94	0.98	0.99	0.036	0.044

表 4-5 将结构方程模型分析得到的路径系数和显著性水平进行了汇总。相关研究假设检验结果见表 4-6。

表4-5 模型的路径分析（n=524）

关系	关系表达	参数	路径系数	T值
SP→KT	$\xi_1 \rightarrow \eta_1$	β_1	0.16	1.97*
SP→PS	$\xi_1 \rightarrow \eta_2$	β_2	−0.16	−1.70
CR→KT	$\xi_2 \rightarrow \eta_1$	β_3	0.26**	4.21**
CR→PS	$\xi_2 \rightarrow \eta_2$	β_4	−0.08	−0.65
CO→KT	$\xi_3 \rightarrow \eta_1$	β_5	0.18	1.47
CO→PS	$\xi_3 \rightarrow \eta_2$	β_6	0.57**	6.42**

注：** 表示在 0.01 水平（双侧）上显著相关；* 表示在 0.05 水平（双侧）上显著相关。

表4-6 假设检验结果

假设	假设描述	检验结果
H1a	专长度对软件外包项目知识转移有显著正向影响	支持
H1b	专长度对软件外包项目成功有显著正向影响	不支持
H2a	可信度对软件外包项目知识转移有显著正向影响	支持
H2b	可信度对软件外包项目成功有显著正向影响	不支持
H3a	协调度对软件外包项目知识转移有显著正向影响	不支持
H3b	协调度对软件外包项目成功有显著正向影响	支持

上述研究结果表明：

①交互记忆的专长度对软件外包项目知识转移绩效产生显著正向影响。交互记忆是以成员专长知识为基础发挥认知的交互作用，是专长认知的合作性分工系统，软件外包团队成员通过这个专长认知的交互合作过程会促进知识从知识源向接收方转移，缩短专长知识交互作用的时间，进而提高知识转移效率，提高知识转移准确性，并最终促进知识转移。

专长度对软件外包项目的项目成功未产生显著影响。一个可能的解释是专长度在表明团队成员对其他成员的知识专长感知的同时，也反映团队成员知识的差异化，团队成员的专长度感知程度越高，成员间的知识差异性越大。由于软件项目的分工，发包方成员可能更多地掌握企业业务领域知识，而承接方成员则更多地掌握技术知识，双方重叠知识少，缺乏共同的基础，导致成员知识吸收能力较弱。此时，承接方成员了解专长所在位置对知识转移的正向影响可能会被知识吸收能力较弱对知识转移的负向影响抵消，变得不显著。而如果承接方成员知识吸收能力很弱，对发包方成员传递过来的业务领域知识不能理解，那么就有可能导致项目失败。

②交互记忆的可信度对提高软件外包项目的知识转移绩效有显著正向影响。说明在承接方与发包方合作开发软件项目的过程中，团队成员要对

彼此的知识和能力给予充分信任，在合作过程中有效地管理团队成员专长和知识的互依赖性，有效地协调彼此的任务，软件外包项目团队承接方成员对发包方成员提供知识的信任有利于提高知识转移绩效。

交互记忆的可信度对项目成功未产生显著影响，其原因可能在于外包双方关系中存在严重的不对等性。在承接方与发包方合作完成软件外包项目的过程中，只有承接方成员信任发包方成员传递的信息和知识的时候，他们才更愿意倾听、吸收和应用对方的知识，才不会在寻求帮助的时候试图获得来自多方的、重复的信息，从而能够更准确地定位和利用发包方成员的知识和技能。但是在激烈的市场竞争中，我国外包供应商往往处于弱势地位，为了维持与客户的长期关系，并获得更多项目，不得不无条件地满足发包方提出的各种质量要求。在这种情况下，能力信任对项目成功的影响就不显著了。

③交互记忆的协调度对软件外包团队项目绩效的知识转移绩效产生显著的正向影响，说明承接方与发包方在共同合作的过程中，承接方成员的彼此充分协作，整合并利用彼此的专长，能够有利于项目成功。

协调度对项目知识转移未产生显著影响，由于在软件外包项目中，发包方是从他们的角度出发进行考虑的，而不是从接包方的角度进行考虑的。同时，发包方出于保护自身核心技术、专利等目的，并不会把他们所有的知识和信息都告知接包方，因此虽然双方能够有效协调，但是并不能充分利用和整合团队成员的专长和知识，所以软件外包项目团队协调度对知识转移并未产生显著的正向影响。

4.4 本章小结

本章通过对交互记忆（包括专长度、可信度和协调度三个维度）和软件外包团队项目绩效（包括知识转移和项目成功两个维度）之间的关系进行深入探析，推导出相应的研究假设。基于较大样本的实证研究分析，采用结构方程模型技术对研究模型和研究假设进行检验。检验结果表明：交互记忆中的专长度和可信度都可以有效地促进软件外包团队中的知识转移，但是对提高项目成功而言，未产生显著影响。而交互记忆中的协调度能够有效促进软件外包团队项目成功，但是对知识转移不产生显著影响。

综上分析，交互记忆对软件外包团队项目绩效有显著正向影响，为提高软件外包企业承接软件项目竞争力和创新能力，需要积极重视软件外包项目团队的交互记忆专长度、可信度和协调度的开发和利用，鼓励团队成员同发包方团队成员多交流、联系与合作，这样才能更好地提高软件外包项目绩效。

5

共享心智对软件外包团队
项目绩效的影响作用

5.1 引言

软件外包企业是随着社会知识服务需求量的增加、企业组织结构和劳动分工的变化而迅速发展起来的。随着团队模式在软件外包企业内的普及，团队中能否形成一个紧密的知识交流网络？能否形成有利的知识分布结构？如何提高软件外包团队项目绩效？这些问题已成为目前亟待解决的热点问题。

软件外包团队是知识密集型服务业进行软件项目开发的主体，是软件外包企业研发能力的源泉和中坚力量。Waller 和 Gupta（2004）认为共享心智作为团队的一种隐性协调机制，体现团队成员之间的默契，对团队绩效的提高有重要的促进作用[202]。Levesque（2001）认为共享心智能够帮助成员去描述、解释及预测所处情境的各种事件，并指引成员在所处的情景中与其他成员进行互动。共享心智能够帮助整合和优化团队知识、提高团队绩效[203]。吕晓俊（2009）认为共享心智对团队效能产生直接的影响[118]。纪晓丽和蔡耀龙（2013）认为共享心智更有利于团队的沟通合作，通过团队成员间的沟通交流碰撞出思维的火花，有利于团队创造性的有效发挥，进而提高团队的绩效[204]。

共享心智可以通过培养组织成员在面对复杂、动态、模糊情境中合作的默契，使成员共享的关于团队要素中的关键知识帮助成员去描述、解释及预测所处情境的各种事件，并指引成员在所处的情境中与其他成员进行互动，拓宽组织内成员的知识面，完善成员的知识结构。李柏洲和徐广玉（2013）认为共享心智的主要作用是让组织成员能够假设和预测，对已发生的现象进行解释，采取适时地行动及措施来解决问题[122]。共享心智不仅仅是团队成员共有的知识结构，更是一种态度和信念，它能够帮助团队成员依赖彼此相似的认知，能够形成一种心照不宣的默契，从而在复杂、动态、模糊的情境中有效协作形成共同的理解，将个体成员的知识整合为有机的知识体系。

共享心智是指团队成员对项目任务目标和运作，团队内部沟通和协调形成一致性认知。共享心智由项目相关共享心智和团队相关共享心智两个维度构成。

软件外包团队项目绩效是指对承接项目能否达成企业经济及技术利益并及时交付完成和提供满意服务。软件外包团队项目绩效由知识转移和项目成功两个维度构成。

综上，本章研究共享心智对软件外包团队项目绩效的影响作用，从项目相关共享心智和团队相关共享心智两个维度测量共享心智，从知识转移和项目成功两个维度来测量软件外包团队项目绩效，通过构建结构方程模型，分析项目相关共享心智和团队相关共享心智对软件外包团队项目绩效的知识转移和项目成功的影响作用。

5.2 理论分析与研究假设

对团队而言，共享心智具有描述、解释及预测功能，它能促进成员估计并预测其他成员的行为及未来团队的发展，以此作为调整自身行为的依据，从而促进团队决策及团队任务的顺利进行，提高团队绩效。Marks，Zaccaro 和 Mathieu（2000）指出共享心智与团队绩效存在显著相关 [205]。Mathieu，Heffner 和 Goodwin（2000）的研究发现，共享心智并非单一概念，包含项目相关的共享心智和团队相关的共享心智两个层面，即共享心智和团队绩效存在显著的正相关，并且共享心智可以通过团队过程的中介作用促进团队绩效 [206]。

本节研究主要针对共享心智的两个维度（项目相关的共享心智和团队相关的共享心智）与项目绩效的两个维度（知识转移和项目成功）的关系进行具体分析。

5.2.1 项目相关共享心智与项目绩效

项目相关的共享心智是指团队成员对团队项目任务目标、任务情境、流程、策略等形成一致性认知。项目相关的共享心智有助于团队成员对任务目标和团队运作形成共同认知，促进团队成员形成对知识共享的共同预期，促进团队成员知识和信息的共享，从而提升团队知识整合能力和绩效水平。

Marks Zaccaro 和 Mathieu（2000）认为项目相关的共享心智有利于团队成员之间快速有效地对策略达成一致性理解，增强彼此之间的沟通、协调彼此之间的行为 [205]。正因为团队成员拥有项目相关的共同性认知，使得他们能够正确地理解任务，进而准确地预测其他成员的行为，更好地适应任务和其他成员的需求变动，减少成员间的误会，协调个人与团队的行为，能够从团队整体角度预测任务发展情况，为成员做出最优决策提供帮助，提高成员合作效率和团队绩效。因此，在软件外包团队完成软件项目过程中，项目相关的共享心智越高，表明团队成员对分布或互补的知识结构的认知程度越高，越有利于形成对知识整合和转移的共同预期，促进团队成员交流信息的效率，从而提升团队绩效水平。

总之，项目相关共享心智对软件外包团队成员的知识转移和项目成功起着至关重要的作用，只有团队成员对项目相关的任务目标和运作形成一致性认知，才能更好地促进和提高软件外包团队项目绩效。

基于以上分析，本书提出如下研究假设：

H4：项目相关的共享心智对软件外包项目绩效有显著正向影响。具体内容包括：

H4a：项目相关的共享心智对软件外包项目知识转移绩效有显著正向影响。

H4b：项目相关的共享心智对软件外包项目的项目成功有显著正向影响。

5.2.2 团队相关共享心智与项目绩效

团队相关的共享心智是指团队成员形成对团队内部如何相互沟通、协调工作形成共同一致性认知。团队相关的共享心智能够促进团队成员彼此间的沟通协作，提高软件外包团队成员内部交流共享的效率，节省因人际冲突增加的沟通成本，使团队成员形成对任务的准确解释和期望，从而协调各成员的行为适应任务，进而提升软件外包项目绩效。

Yoo 和 Kanawattanacha（2001）提出成员行为的相互联系能够有效整合虚拟环境下的成员专长认知，进而解释不同专长知识如何整合以及成员如何协调合作 [207]。在软件外包团队中，团队相关的共同一致性认知对于软件外包项目具有重要意义，接包方需要经常与发包方沟通交流，及时讨论任务需求、客户业务要求、项目进度等，在此过程中需要及时、准确地理解发包方决策方式、工作习惯、发包方的工作要求以及如何同发包方协调配合，这样才能够在完成软件外包项目任务过程中获取发包方认可，促进知识转移的发生，学习到发包方的先进管理知识，提高软件外包项目知识转移成效。

团队成员行为的这种一致性认知不仅能够对知识转移产生积极影响，而且能够促进团队成员的个人绩效和团队绩效的提高。团队相关的共享心智所具有的描述、解释和预测功能，能够促进成员预测和估计团队中其他成员的行为和团队未来的发展，这种功能反过来会加强和激励团队成员行为，加速团队决策的实施，促进团队项目的成功。

总之，团队相关共享心智对软件外包团队成员的知识转移和项目成功起着至关重要的作用，只有团队成员对团队相关的内部沟通和协调形成一致性认知，才能更好地促进和提高项目绩效。

基于以上分析，本书提出如下研究假设：

H5：团队相关的共享心智对软件外包项目绩效有显著正向影响。具体包括：

H5a：团队相关的共享心智对软件外包项目的知识转移绩效有显著正向影响。

H5b：团队相关的共享心智对软件外包项目的项目成功有显著正向影响。

5.2.3 研究模型与研究假设

基于上述分析，提出如图 5-1 所示的研究模型。相关研究假设汇总于表 5-1 中。

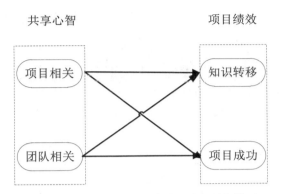

图5-1　共享心智对项目绩效影响的研究模型

表5-1　研究假设总结

假设	假设描述
H4a	项目相关的共享心智对软件外包项目的知识转移绩效有显著正向影响
H4b	项目相关的共享心智对软件外包项目的项目成功有显著正向影响
H5a	团队相关的共享心智对软件外包项目的知识转移绩效有显著正向影响
H5b	团队相关的共享心智对软件外包项目的项目成功有显著正向影响

5.3　共享心智对软件外包团队项目绩效的影响模型构建与检验

5.3.1　结构方程模型构建

本研究中，共享心智对项目绩效的初始结构方程模型的表达形式如图 5-2 所示。模型中包括 4 个变量，分别是：项目相关（θ_1）、团队相关（θ_2）、知识转移（η_1）、项目成功（η_2），其中，项目相关（θ_1）、团队相关（θ_2）是假设的自变量（即外生变量），知识转移（η_1）、项目成功（η_2）为因变量（即内生变量）。X_i 代表交互记忆各维度下的具体测量题项，Y_i 代表项目绩效下各维度的具体测量题项，β_i 代表各路径的标准化回归系数。

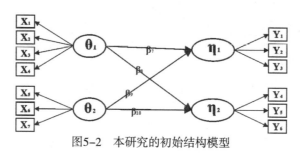

图5-2 本研究的初始结构模型

5.3.2 主要变量的描述性统计

各主要变量的描述性统计指标如表 5-2 所示。结果表明，共享心智中的项目相关和团队相关共享心智的平均值均接近 4 分，表明共享心智确实在软件外包项目团队中起作用；知识转移绩效和项目成功的平均值在 4 分左右，表明软件外包项目基本能够达到成功。

表5-2 主要变量的描述性统计分析（n=524）

主要变量		样本数	均值	中值	标准差
共享心智	项目相关（TA）	524	3.899	4.000	0.664
	团队相关（TE）	524	3.919	4.000	0.663
项目绩效	知识转移（KT）	524	3.906	4.000	0.721
	项目成功（PS）	524	4.045	4.000	0.684

5.3.3 主要变量的相关分析

相关分析的结果如表 5-3 所示。结果显示，共享心智的两个维度（项目相关的共享心智和团队相关的共享心智）均与项目绩效的两个维度（知识转移和项目成功）存在显著的正相关关系。但是，相关分析只能检验两个变量间的相关性，不能明确两个变量之间的因果关系，因此，需要进一步通过结构方程模型分析对研究假设进行检验。

表5-3 主要变量的相关分析（n=524）

主要变量	TA	TE	KT	PS
TA	1.00			
TE	0.684**	1.00		
KT	0.484**	0.449**	1.00	
PS	0.501**	0.530**	0.355**	1.00

注：** 表示在0.01水平（双侧）上显著相关。

5.3.4 结构方程模型检验分析

基于本章所构建的初始结构方程模型，检验共享心智各维度与项目绩效各维度之间的路径关系，检验结果如图5-3所示，模型的拟合指标如表5-4所示。

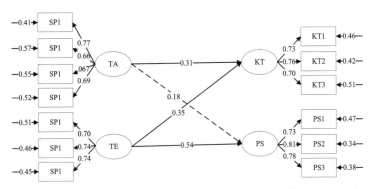

图5-3 共享心智与项目绩效关系的结构方程模型分析结果（n=524）

表5-4反映出各项拟合指标基本上达到了各自的要求，说明本研究构建的理论模型与数据的拟合情况较好，模型可以接受。

表5-4　模型的拟合指标（n=524）

χ^2	f	χ^2/f	GFI	AGFI	NNFI	CFI	SRMR	RMSEA
131.54	60	2.19	0.96	0.94	0.99	0.99	0.043	0.048

　　表5-5将结构方程模型分析得到的路径系数和显著性水平进行了汇总。

表5-5　模型的路径分析（n=524）

关系	关系表达	参数	路径系数	T值
TA→KT	$\theta_1 \to \eta_1$	β_1	0.32	2.25*
TA→PS	$\theta_1 \to \eta_2$	β_2	0.18	1.30
TE→TK	$\theta_2 \to \eta_1$	β_3	0.35	2.41*
TE→PS	$\theta_2 \to \eta_2$	β_4	0.54	3.85**

注：** 表示在 0.01 水平（双侧）上显著相关；* 表示在 0.05 水平（双侧）上显著。

上述研究结果表明：

（1）项目相关的共享心智对软件外包项目知识转移产生显著正向影响。项目相关的共享心智能够促进软件外包项目的知识转移，能够促进团队成员拥有项目相关的共同性认知，使得接包方成员通过与发包方的长时间项目合作经历，逐渐学习发包方关于外包项目的任务目标、战略、工作习惯、团队交互方式等的成功经验，而这些优秀的成功经验有利于提高知识转移绩效。因此，项目相关的共享心智对软件外包团队项目绩效的知识转移绩效的提升，起着积极的不容忽视的作用。然而，项目相关的共享心智对软件外包团队项目绩效的项目成功未产生显著影响，说明团队成员拥有项目相关的共同性认知，使得成员能够正确地理解任务，准确地预测其他成员的行为，适应任务和其他成员的需求变动，减少成员间的误会，协调个人与团队的行为，团队之中形成了良好的合作氛围和软环境，因此，接包方和发包方双方在明确理解任务、把握任务方向的同时，对时间、成本、质量的要求不再变得严苛，而这样的松懈就会对软件外包团队项目绩效的项目成功带来消极的影响，进而抵消了项目相关的共享心智对项目成功的正向影响。

（2）团队相关的共享心智对软件外包团队的知识转移和项目成功均产生显著正向影响。从知识转移的意愿和机会来讲，一方面，团队成员之间的共享心智可以促成团队成员对团队目标、任务技能等知识结构的共同理解，促使团队内部形成一种内在的"共同知识"与"共同愿景"，使团队成员间的知识转移行为不断收敛在共同的组织目标之下，进而促进团队成员间的相互协调与合作的能力，提高软件外包团队项目成员知识转移的意愿，增加团队内知识转移的机会。另一方面，共享心智会提高团队项目成员参与知识转移的积极性，促使成员采取适应他人或者适当的行为来达成知识转移的目的，就团队成员知识转移双方而言，共有知识越多，知识传递方就越能选择适合的方式传递知识，而作为知识接受方就越容易吸收知识，知识转移就越容易实现。因此，团队相关的共享心智程度越高，团队内部知识转移障碍就越小，知识转移就越容易实现，知识转移绩效就越高，项目获得成功的几率就越大。

5.4 共享心智和交互记忆对软件外包团队项目绩效影响的路径比较

5.4.1 结构方程模型构建

本书通过对子研究一，交互记忆对软件外包团队项目绩效的实证研究，探明了交互记忆三个维度对软件外包团队项目绩效两个维度的影响机理。通过对子研究二，共享心智对软件外包团队项目绩效的实证研究，探明了共享心智二个维度对软件外包团队项目绩效两个维度的影响机理。为了探明交互记忆和共享心智对软件外包团队项目绩效影响机理中，究竟是交互记忆对软件外包团队项目绩效影响更显著，还是共享心智对软件外包团队项目绩效影响更显著。

通过对交互记忆的三个维度进行均值处理，整合为交互记忆一个变量，通过对共享心智两个维度进行均值处理，整合为共享心智一个变量，构建了交互记忆和共享心智对项目绩效两个维度知识转移和项目成功的路径比较模型，如图5-4所示。由于前面已经对交互记忆和共享心智分维度对项目绩效的影响情况做了相应假设，因此，本节不再做假设，仅针对构建模型的路径进行验证和分析。

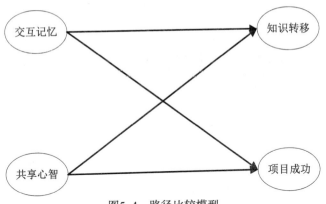

图5-4 路径比较模型

本研究中，交互记忆和共享心智对项目绩效的初始结构方程模型的表达形式如图5-5所示。模型中包括4个变量，分别是：交互记忆（γ_1）、共享心智（γ_2）、知识转移（η_1）、项目成功（η_2），其中，交互记忆（γ_1）、共享心智（γ_2）是假设的自变量（即外生变量），知识转移（η_1）、项目成功（η_2）为因变量（即内生变量）。X_i代表交互记忆各维度下的具体测量题项，Y_i代表项目绩效下各维度的具体测量题项，β_i代表各路径的标准化回归系数。

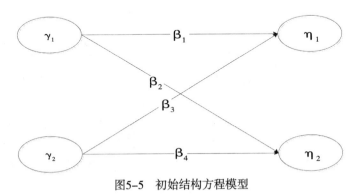

图5-5 初始结构方程模型

5.4.2 模型参数估计与效应分析

（1）主要变量的描述性统计

通过对 524 份问卷所测量的交互记忆、共享心智、知识转移和项目成功 4 个变量进行描述统计，结果如表 5-6 所示，四个变量的平均值都在 3 以上，表明效果良好，其中，交互记忆的平均值大于 3，表明在软件外包团队中确实存在着交互记忆；共享心智的平均值大于 3，并且接近 4，表明软件外包团队中确实存在共享心智；知识转移的平均值大于 3，并且接近 4，表明软件外包团队项目能够实现较好的知识转移；项目成功的平均值大于 4，表明软件外包团队项目能够实现较好的项目成功。

表5-6　主要变量的描述性统计分析（n=524）

主要变量	样本数	均值	中值	标准差
交互记忆（TMS）	524	3.700	3.75	0.601
共享心智（SMM）	524	3.902	4.00	0.604
知识转移（KT）	524	3.896	4.00	0.714
项目成功（PS）	524	4.037	4.00	0.681

（2）主要变量的相关分析

主要变量的相关分析（如表 5-7）表明交互记忆和共享心智对软件外包团队项目绩效的项目成功和知识转移有正向影响。结果显示，交互记忆各维度（专长度、可信度和协调度）的均值、共享心智各维度（项目相关共享心智和团队相关共享心智）的均值与项目绩效各维度（知识转移和项目成功）之间均存在显著的正相关关系。但是，相关分析只能检验两个变量间的相关性，不能明确两个变量之间的因果关系，因此，需要进一步对结构方程模型进行检验。

表5-7　主要变量的相关分析（n=524）

主要变量	TMS	SMM	KT	PS
TMS	1			
SMM	0.684**	1		
KT	0.453**	0.502**	1	
PS	0.477**	0.560**	0.489**	1

注：** 表示在 0.01 水平（双侧）上显著相关。

（3）结构方程模型检验分析

基于初始结构方程模型，比较交互记忆和共享心智对项目绩效的影响路径，结果如图 5-6 所示，交互记忆解释了 26% 的知识转移，交互记忆解释了 22% 的项目成功；共享心智解释了 51% 的知识转移，共享心智解释了 50% 的项目成功。由此可见，共享心智能够更好地显著影响软件外包团队项目绩效的知识转移和项目成功。

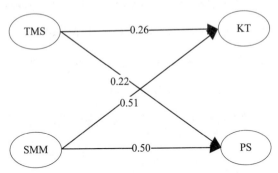

图5-6　结构方程模型分析结果（n=524）

表 5-8 反映出各项拟合指标基本上达到了各自的要求，说明本研究构建的理论模型与数据的拟合情况较好，模型可以接受。

表5-8　模型的拟合指标（n=524）

χ^2	f	χ^2/f	GFI	AGFI	NFI	CFI	RMR	RMSEA
919.323	226	4.74	0.876	0.84	0.820	0.857	0.142	0.077

表5-9将结构方程模型分析得到的路径系数和显著性水平进行了汇总。

表5-9 模型的路径分析（n=524）

关系	关系表达	参数	路径系数	P	
TMS→KT	$\gamma_1 \rightarrow \eta_1$	β_1	0.26	0.000***	支持
TMS→PS	$\gamma_1 \rightarrow \eta_2$	β_2	0.22	0.000***	支持
SMM→KT	$\gamma_2 \rightarrow \eta_1$	β_3	0.51	0.000***	支持
SMM→PS	$\gamma_2 \rightarrow \eta_2$	β_4	0.50	0.000***	支持

注：** 表示在 0.01 水平（双侧）上显著相关；* 表示在 0.05 水平（双侧）上显著。

5.4.3 路径比较结果

通过共享心智和交互记忆对软件外包团队项目绩效路径比较研究，可以看出共享心智和交互记忆对知识转移和项目成功的影响均通过了检验，也就是说交互记忆能够正向影响软件外包团队项目绩效的知识转移和项目成功。共享心智能够显著影响软件外包团队项目绩效的知识转移和项目成功。其中，共享心智对软件外包团队项目绩效的知识转移和项目成功影响更为显著，也就是说共享心智比交互记忆更显著影响知识转移和项目成功。

5.5 本章小结

通过对共享心智（包括项目相关的共享心智和团队相关的共享心智两个维度）和软件外包团队项目绩效（包括知识转移和项目成功两个维度）

之间的关系进行深入探析，推导出相应的研究假设。基于较大样本的实证研究分析，采用结构方程模型技术对研究模型和研究假设进行检验。检验结果汇总如表5-10所示：

表5-10　假设检验结果

假设	假设描述	检验结果
H4a	项目相关的共享心智对软件外包项目知识转移绩效有显著正向影响	支持
H4b	项目相关的共享心智对软件外包项目成功有显著正向影响	不支持
H5a	团队相关的共享心智对软件外包项目知识转移绩效有显著正向影响	支持
H5b	团队相关的共享心智对软件外包项目成功有显著正向影响	支持

检验结果表明：项目相关共享心智和团队相关共享心智全部显著正向影响软件外包团队项目绩效的知识转移；团队相关的共享心智显著正向项目绩效的项目成功，但是项目相关的共享心智未能显著正向影响软件外包项目成功。

通过共享心智和交互记忆对软件外包团队项目绩效路径比较研究，表明共享心智比交互记忆更显著影响软件外包团队项目绩效的知识转移和项目成功。

综上分析，共享心智对软件外包团队项目绩效有显著正向影响，要促进团队成员形成共同语言和对任务目标的准确预期，进而提高团队运作能力和团队的有效性，应积极促进团队成员对团队内部的沟通和协调形成一致的认知并适应任务。这样才能更好地提高软件外包项目绩效。

6

知识边界在交互记忆
对软件外包团队项目
绩效影响的中介效应

6.1 引言

随着知识的增长和专业化，组织的边界被重新界定，不同视角下存在多种边界，如法律边界、职能边界、合约边界、规模边界和知识边界。目前软件企业面临的挑战不仅是使知识在整个组织内存储和传播，而且需要整合来自拥有不同专业语言、传统及目标的组织的专业知识。Carlile（2002）认为在跨职能的团队合作中，由于不同的部门所处的背景以及专长知识不同，导致了双方在知识整合过程中存在一系列障碍，这些障碍遍布知识整合过程的始终，而这些障碍便是知识边界 [17]。Swart（2011）认为知识边界可以更有效地应用到跨组织项目中并为支持某一核心项目运行所需的自有知识以及互补知识、相关知识的知识集合 [126]。Kotlarsky J（2014）认为在软件外包情境中，发包方与接包方无论在地域、文化、时区、职能等方面都有着诸多差异，这些差异使得发包方和接包方之间存在一定的界限，从而制约了双方进行有效的知识传递、表达、转换以及最后的知识整合 [74]。

知识边界是指在团队合作中由于不同部门所处的背景以及专长知识不同，在知识整合过程中存在的障碍。知识边界由语法边界、语义边界和语用边界三个维度构成。

交互记忆是软件外包项目团队成员之间形成的一种彼此依赖和共享的，用以获得、储存、运用来自不同领域知识以弥补自身不足的合作分工系统。交互记忆由专长度、可信度和协调度三个维度构成。

软件外包团队项目绩效是指对承接项目是否达成企业经济及技术利益并及时交付完成和提供满意服务。软件外包团队项目绩效由知识转移和项目成功两个维度构成。

综上，本章研究知识边界在交互记忆对软件外包团队项目绩效影响的中介效应。从语法边界、语义边界、语用边界三个维度测量知识边界，从专长度、可信度、协调度三个维度来测量交互记忆，从知识转移和项目成功两个维度来测量软件外包团队项目绩效，通过构建结构方程模型，分析语法边界、语义边界、语用边界在交互记忆对软件外包团队项目绩效影响的中介效应。

6.2　理论分析与研究假设

知识边界是软件外包团队在项目实施过程当中遇到的知识障碍，贯穿于项目实施的整个过程，语法、语义、语用边界分布于知识整合过程中的上游、中游和下游，它们相互作用，因此，知识的正确理解需要以知识的准确传递为前提，知识的合理应用则需要以知识的正确理解为基础。

本研究主要针对知识边界在交互记忆对项目绩效影响中的中介效应的关系进行具体分析。

6.2.1 交互记忆与知识边界

（1）交互记忆与语法边界

语法边界是指为了实现不同成员之间知识转移中存在的障碍。不同部门在合作协同过程中，由于所属不同部门，工作情境和工作内容不同，团队成员会使用不同的术语、编码、惯例等不同的表达方式，这些表达方式很难被其他部门成员完全认可和接受，因为在信息或者知识的表达方式上没有统一的标准，导致了语法上的知识边界。知识边界概念提出者 Carlile（2002）指出利用分类法以及使用存储、检索技术能够有效地消除语法知识边界 [17]。

交互记忆的三个维度（专长度、可信度和协调度）有助于软件外包项目团队成员通过对团队中的分布式专长知识进行编码，使专长知识的表达形式统一化，有利于团队成员利用通用的标签开发共享的编码系统，并在协作活动中引入和使用通用的语法规则，有助于语法边界的消除。基于上述分析，提出假设：

H6：交互记忆对消除语法边界有显著正向影响。具体内容包括：

H6a：专长度对消除语法边界有显著正向影响。

H6b：可信度对消除语法边界有显著正向影响。

H6c：协调度对消除语法边界有显著正向影响。

（2）交互记忆与语义边界

语义边界是指实现团队成员需要对传递过来的知识进行理解中存在的障碍。由于知识根植于特定的活动或情境中，除了语法规则外，还需要更深层次的理解，知识的创新性，使得成员不了解所传递信息的表达情况，导致部门之间知识的差异性和依赖性模糊不清，而产生主观揣测，理解的偏差，这种因情境不同、假设不同、含义理解不同导致了语义上的知识边界。

交互记忆的三个维度（专长度、可信度和协调度）有助于软件外包项目团队成员对彼此的专长知识、能力结构逐步了解、熟悉、信任，之后，他们就会知道从哪里寻找相关的文档，如果这些知识结构在跨职能合作中能够顺利地复制到新的环境中，团队成员就能够在新的环境中使用相应的逻辑和规则来检索信息，使得成员之间形成一致性的语义理解，使团队成员迅速找到对应的信息，从而有助于消除语义知识边界。基于上述分析，提出假设：

H7：交互记忆对消除语义边界有显著正向影响。具体内容包括：

H7a：专长度对消除语义边界有显著正向影响。

H7b：可信度对消除语义边界有显著正向影响。

H7c：协调度对消除语义边界有显著正向影响。

（3）交互记忆与语用边界

语用边界是指团队成员需要对新的知识进行学习，与已有的知识相融合，实现知识的转化中存在的障碍。当团队成员已有的知识面临威胁时，人们往往不愿意对现状做出改变，人们习惯产生知识路径的依赖，不同成员对当前知识调整的差异性导致了语用上的知识边界。Jarvenpaa 和 Majchrzak（2008）认为交互记忆能够促进具有多重动机的成员利用自己的知识来解决实际问题，并以"谁做什么"的形式来告诉成员，从而帮助团队成员预测其他成员的行为，进而能够有助于跨越语用边界[208]。

交互记忆的三个维度（专长度、可信度和协调度）有助于在软件外包项目进行过程中团队成员配置、协调、共享和整合已有的团队知识，并吸收融入外部的知识以弥补自身记忆的局限，促进团队内形成一种相互信任、彼此分享专长、相互协调的合作氛围，使团队成员对改变知识结构不再过分抵触，从而有助于消除语用边界。基于上述分析，提出假设：

H8：交互记忆对消除语用边界有显著正向影响。具体内容包括：

H8a：专长度对消除语用边界有显著正向影响。

H8b：可信度对消除语用边界有显著正向影响。

H8c：协调度对消除语用边界有显著正向影响。

6.2.2 知识边界与项目绩效

（1）知识边界与知识转移

知识转移是指在软件外包项目进行过程中接包方从发包方团队成员那里获取知识的效果。要从发包方获取最佳的知识效果，软件外包项目团队成员要面临诸多问题：

首先，由于接包方和发包方来自不同团队，因此团队成员会使用不同的工作流程、不同的术语及不同的工具描述等，导致了知识转移过程中没有统一的标准范式，阻碍软件外包团队获取知识的效果，这个阻碍就是语法上的知识边界，因此，消除语法边界，才能提升软件外包团队项目成员获取知识的效果。

其次，由于知识根植于特定的活动或情境中，软件外包项目接包方必须准确无误地理解、使用发包方传递的有效信息，然而，在接包方日常运行中常常因发包方与接包方所处地域不同、情境不同和文化不同而导致理解的障碍，而这些障碍就是语义上的知识边界，因此，消除语义边界才能使双方达成对任务、目标及相关知识的一致理解，从而降低对信息的误解程度，才能提高知识转化的正确率。

最后，在软件外包项目运行过程中，承接方需要对发包方传递的新知识进行学习，融合已有的知识结构，实现知识转化，然而接包方团队成员很难在短时间内快速改变原有的知识结构，更新知识并整合，这种排斥新知识的障碍就是语用上的知识边界，因此，消除语用边界才能不断吸收从发包方传递的新知识，促进新旧知识的整合，才能加深接包方团队成员获取知识的效果。

基于上述分析，提出假设：

H12：知识边界的消除对软件外包项目知识转移有显著正向影响。具体内容包括：

H12a：语法边界的消除对软件外包项目知识转移有显著正向影响。

H12b：语义边界的消除对软件外包项目知识转移有显著正向影响。

H12c：语用边界的消除对软件外包项目知识转移有显著正向影响。

（2）知识边界与项目成功

项目成功是软件外包项目团队对承接项目及时交付完成，实现预定软件项目目标的实际结果，达到了预期效能即项目成功。Carlile（2004）认为消除语法边界、语义边界和语用边界是软件外包团队项目成功的关键因素[18]。

首先，软件项目是知识型任务，由于软件外包项目是在跨知识领域、跨地域、跨国别、跨文化特殊情境下进行的，因此团队成员在工作流程、术语和工具描述上的差异化，导致发包方与接包方在表达规范上差异化较大，严重阻碍接包方成员对项目知识的获取，也就是导致了语法上的知识边界。因此，消除语法边界才能保证软件外包项目及时交付并达到预期效果。

其次，由于接包方掌握软件功能运用领域的知识，发包方掌握商业领域的相关知识，因此接包方需将商业领域知识与软件技术功能领域的知识相融合。接包方需准确无误地接收并理解发包方传递的有效信息，才能完成发包方的项目任务。但是，接包方与发包方因跨领域、跨文化、跨地域而导致项目知识理解上的障碍，这种障碍就是语义上的知识边界，因此，消除语义边界才能保证项目的实现预定软件项目目标的实际结果。

最后，由于软件外包项目的复杂不确定性，在不同项目阶段，发包方的需求会不断变化，这就要求接包方在项目进行的过程中，随着需求的不断变化不断调整已有的知识结构，不断更新、整合新的知识。然而，由于团队成员无法快速改变原有知识结构，完成新旧知识的更新与融合，则会拖延软件外包项目预期完成的进度，最终导致项目失败，这种障碍就是语用上的知识边界。因此，消除语用边界才能有助于接包方建立项目的完整知识体系，进而保证软件外包项目保质保时达到预期效果。

基于上述分析，提出假设：

H13：知识边界的消除对于软件外包项目成功具有显著正向影响。具体内容包括：

H13a：语法边界的消除对软件外包项目成功有显著正向影响。

H13b：语义边界的消除对软件外包项目成功有显著正向影响。

H13c：语用边界的消除对软件外包项目成功有显著正向影响。

6.2.3 研究模型与研究假设

基于以上分析，交互记忆对知识边界的消除具有显著正向影响，知识边界的消除对软件外包项目绩效具有显著正向影响，因此本研究构建知识边界在交互记忆对软件外包项目绩效影响中的中介效应研究模型。如图6-1所示。

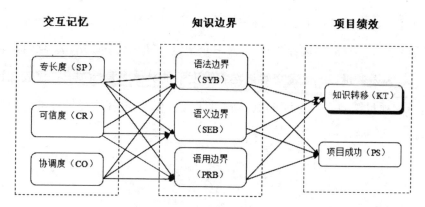

图6-1　知识边界在交互记忆对项目绩效影响中的中介效应模型

6.3　中介效应分析

6.3.1　结构方程模型构建

目前，越来越多的学者赞同并采用结构方程模型技术来检验变量的中介效应，其优点在于不仅可以得到逐步回归分析法的效果，还能综合考虑测量误差项目造成的影响（侯杰泰、温忠麟和成子娟，2004）[209]。本研究也采用结构方程模型技术，以检验知识边界在交互记忆对项目绩效的影响过程中是否起到中介效应。

知识边界在交互记忆对项目绩效影响中的中介效应的初始结构方程模型的表达形式如图6-2所示。模型中包括8个变量，分别是：专长度（ξ_1）、可信度（ξ_2）、协调度（ξ_3）、语法边界（η_1）、语义边界（η_2）、语用边界（η_3）、知识转移（η_4）、项目成功（η_5），其中，专长度（ξ_1）、可信度（ξ_2）、协调度（ξ_3）为自变量，语法边界（η_1）、语义边界（η_2）、语用边界（η_3）为中介变量，知识转移（η_4）、项目成功（η_5）为因变量。x_i代表交互记忆各维度下的具体测量题项，y_i代表知识边界和项目绩效下各维度的具体测量题项，β_i代表各路径的标准化回归系数。

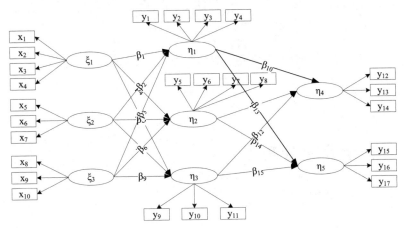

图6-2　知识边界在交互记忆对项目绩效影响中的中介效应初始结构方程模型

6.3.2 主要变量的相关分析

交互记忆、知识边界和项目绩效的相关分析结果如表6-1所示。结果显示，交互记忆的三个维度（专长度、可信度和协调度）与知识边界的三个维度（语法边界、语义边界和语用边界）均存在显著的正相关关系。同时，知识边界的三个维度与项目绩效的两个维度（知识转移和项目成功）也存在显著的正相关关系。但是，相关分析只能检验两个变量间的相关性，不能明确两个变量之间的因果关系，也不意味着同时检验多个变量间关系时仍然存在显著的相关关系，因此，需要进一步通过结构方程模型分析对研究假设进行检验。

表6-1　主要变量的相关分析（n=524）

变量	均值	标准差	SP	CR	CO	SYB	SEB	PRB	KT	PS
专长度（SP）	3.574	0.695	1							
可信度（CR）	3.749	0.741	0.572**	1						
协调度（CO）	3.792	0.700	0.526**	0.665**	1					
语法边界（SYB）	3.792	0.648	0.490**	0.549**	0.547**	1				
语义边界（SEB）	3.464	0.697	0.463**	0.475**	0.481**	0.558**	1			
语用边界（PRB）	3.597	0.733	0.508**	0.535**	0.549**	0.599**	0.633**	1		
知识转移（KT）	3.906	0.721	0.366**	0.416**	0.386**	0.436**	0.321**	0.422**	1	
项目成功（PS）	4.045	0.684	0.304**	0.420**	0.491**	0.516**	0.377**	0.437**	0.355**	1

注：**表示在 0.01 水平（双侧）上显著相关。

6.3.3　中介效应结构方程模型检验

本章节所构建的理论模型认为，交互记忆的三个维度（专长度、可信度和协调度）通过消除知识边界的三个维度（语法边界、语义边界和语用边界）对项目绩效的两个维度（知识转移和项目成功）产生显著正向影响，即知识边界的三个维度是交互记忆与项目绩效之间关系的中介变量。但是中介效应存在完全中介和部分中介两种类型，即加入中介变量后，如果自变量与因变量的因果关系完全消失，则是完全中介变量，如果自变量与因变量的因果关系减弱，则是部分中介变量（Baron 和 Kenny，1986）[210]。

　　本研究首先对知识边界的完全中介效应进行检验。图 6-3 显示了知识边界在交互记忆对项目绩效影响中的中介效应的结构方程模型检验结果，表 6-2 为结构方程模型各项指标的拟合结果。

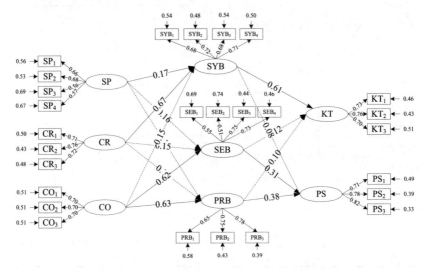

图6-3　知识边界在交互记忆对项目绩效影响中的中介效应检验结果（n=524）

　　从表 6-2 中可以看出各项拟合指标基本达到了各自的要求，GFI 和 AGFI 虽然略低于 0.90，但接近 0.90，仍在可接受的范围内。检验结果说明本章节构建的结构方程模型与数据的拟合情况较好，模型可以接受。

表6-2　模型的拟合指标（n=524）

χ^2	f	χ^2/f	GFI	AGFI	NNFI	CFI	SRMR	RMSEA
1173.98	306	3.84	0.86	0.83	0.96	0.97	0.071	0.072

　　表 6-3 将结构方程模型分析得到的路径系数和显著性水平进行了汇总。

表6-3　模型的路径分析（n=524）

关系	关系表达	参数	路径系数	T值
SP→SYB	$\xi_1 \to \eta_1$	β_1	0.17	1.97*
CR→SYB	$\xi_2 \to \eta_1$	β_2	0.67	7.45**
CO→SYB	$\xi_3 \to \eta_1$	β_3	0.15	1.29
SP→SEB	$\xi_1 \to \eta_2$	β_4	−0.16	−1.57
CR→SEB	$\xi_2 \to \eta_2$	β_5	0.15	1.46
CO→SEB	$\xi_3 \to \eta_2$	β_6	0.62	11.30**
SP→PRB	$\xi_1 \to \eta_3$	β_7	0.16	1.46
CR→PRB	$\xi_2 \to \eta_3$	β_8	0.14	1.44
CO→PRB	$\xi_3 \to \eta_3$	β_9	0.63	13.48**
SYB→KT	$\eta_1 \to \eta_4$	β_{10}	0.61	9.85**
SEB→KT	$\eta_2 \to \eta_4$	β_{11}	0.12	1.61
PRB→KT	$\eta_3 \to \eta_4$	β_{12}	0.10	1.42
SYB→PS	$\eta_1 \to \eta_5$	β_{13}	0.08	1.01
SEB→PS	$\eta_2 \to \eta_5$	β_{14}	0.31	3.82**
PRB→PS	$\eta_3 \to \eta_5$	β_{15}	0.38	4.78**

注：** 表示在0.01水平（双侧）上显著相关，* 表示在0.05水平（双侧）上显著相关。

据表6-4的假设检验结果得出：

①在交互记忆与知识边界的关系中，专长度和可信度对消除语法边界均产生显著正向影响，而协调度对消除语法边界未产生显著影响；协调度对消除语义边界产生显著正向影响，而专长度和可信度对消除语义边界均未产生显著影响；协调度对消除语用边界产生显著正向影响，而专长度和可信度对消除语用边界均未产生显著影响。

②在知识边界与项目绩效的关系中，语法边界的消除对知识转移产生显著正向影响，而语义边界和语用边界的消除对知识转移均未产生显著影响；语义边界和语用边界的消除对项目成功均产生显著正向影响，而语法

边界的消除对项目成功未产生显著影响。

③对上述假设检验结果进行汇总，可以得出知识边界在交互记忆与项目绩效的关系中产生四组中介效应：

语法边界在专长度对知识转移的影响中产生完全中介效应。

语法边界在可信度对知识转移的影响中产生完全中介效应。

语义边界在协调度对项目成功的影响中产生完全中介效应。

语用边界在协调度对项目成功的影响中产生完全中介效应。

表6-4　假设检验结果

假设	假设描述	检验结果
H6a	专长度对语法边界的消除有显著正向影响	支持
H6b	可信度对语法边界的消除有显著正向影响	支持
H6c	协调度对语法边界的消除有显著正向影响	不支持
H7a	专长度对语义边界的消除有显著正向影响	不支持
H7b	可信度对语义边界的消除有显著正向影响	不支持
H7c	协调度对语义边界的消除有显著正向影响	支持
H8a	专长度对语用边界的消除有显著正向影响	不支持
H8b	可信度对语用边界的消除有显著正向影响	不支持
H8c	协调度对语用边界的消除有显著正向影响	支持
H12a	语法边界的消除对软件外包知识转移有显著正向影响	支持
H12b	语义边界的消除对软件外包知识转移有显著正向影响	不支持
H12c	语用边界的消除对软件外包知识转移有显著正向影响	不支持
H13a	语法边界的消除对软件外包项目成功有显著正向影响	不支持
H13b	语义边界的消除对软件外包项目成功有显著正向影响	支持
H13c	语用边界的消除对软件外包项目成功有显著正向影响	支持

为进一步深入分析知识边界的中介效应，验证知识边界在交互记忆与项目绩效的关系中产生的中介效应，知识边界所起的是完全中介还是部分

中介效应，研究引入竞争模型进行对比分析。

本章节的理论模型假设知识边界的三个维度是交互记忆三个维度与项目绩效两个维度之间的完全中介变量。在此基础上提出一个竞争模型与上述模型进行比较，该竞争模型的含义为交互记忆的三个维度不仅通过消除知识边界的三个维度对项目绩效的两个维度产生影响，而且对项目绩效的两个维度产生直接影响。即知识边界的三个维度是交互记忆三个维度与项目绩效两个维度之间的部分中介变量。

根据第四章中交互记忆对项目绩效的影响分析结果，本章节在图6-2所示的初始结构方程模型的基础上，选取了中介效应通过的路径，增加了三条直接路径，包括：专长度对软件外包项目知识转移的直接影响、可信度对软件外包项目知识转移的直接影响、协调度对软件外包项目成功的直接影响三条路径，构建出如图6-4所示的竞争模型。

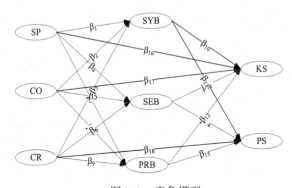

图6-4　竞争模型

竞争模型的结构方程模型检验的结果如图6-5所示。为了更加清晰地表明分析结果，图6-5中仅显示具有显著影响的路径。

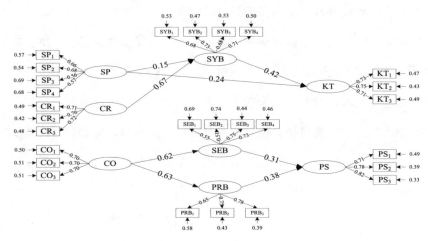

图6-5　竞争模型的检验结果（n=524）

表6-5反映出竞争模型的各项拟合指标基本达到了各自的要求，GFI和AGFI虽然略低于0.90，但接近0.90，仍在可接受的范围内。检验结果说明本章节构建的竞争模型与数据的拟合情况较好，模型可以接受。竞争模型的各项指标和完全中介效应模型的各项指标相比较，没有明显的优劣之分，而且竞争模型中对知识边界的中介效应的分析更为全面，在理论上具有一定的优越性，因此可以采用竞争模型替代完全中介效应模型。

表6-5　竞争模型的拟合指标（n=524）

χ^2	f	χ^2/f	GFI	AGFI	NNFI	CFI	SRMR	RMSEA
1177.18	305	3.86	0.86	0.83	0.96	0.97	0.069	0.073

竞争模型的检验结果揭示出知识边界在交互记忆对项目绩效的影响中产生如下中介效应：

语法边界是专长度对知识转移产生影响的部分中介变量，即专长度可以通过消除语法边界对知识转移产生显著正向影响，也可以直接对知识转移产生显著正向影响；语法边界是可信度对知识转移产生影响的完全中介变量；语义边界是协调度对项目成功产生影响的完全中介变量；语用边界是协调度对项目成功产生影响的完全中介变量。

通过上述两个模型的检验结果及其比较，本研究发现知识边界中的三个维度（语法边界、语义边界和语用边界）中仅有部分维度在交互记忆对项目绩效的影响中产生中介效应，研究结果表明：

①语法边界在交互记忆的专长度对知识转移的影响中产生部分中介效应，说明专长度可以通过消除语法边界对知识转移产生显著正向影响，也可以直接对知识转移产生显著正向影响。具体如下：

首先，专长度可通过消除语法边界对知识转移产生显著正向影响。语法边界的消除有利于团队在知识或者信息的表达方式上形成规范一致的语法规则，而规范的语法规则对信息的表达形式要求严格，使之能够被团队成员完全地接受和认可，从而降低信息处理的不确定性，有助于团队成员的专长能够被其他成员更好地感知和传递，从而促进知识在团队中的传递和转移。因此，语法边界在交互记忆的专长度对知识转移的影响中产生中介效应。

其次，专长度直接对软件外包项目知识转移产生显著正向影响。交互记忆的专长度是指团队成员感知彼此专业知识领域差异化程度。群体成员可以通过了解"谁知道什么"来依赖他人记住专业领域差异化的知识，交互记忆的专长度可以促使团队成员对其他成员的专长与技能建立知识目录，从而更好地熟悉知识领域，因此，交互记忆的专长度也可以直接对软件外包项目知识转移产生显著正向影响。

②语法边界在可信度对知识转移的影响中产生完全中介效应，说明语法边界在交互记忆的可信度对知识转移的影响中产生完全中介效应。即可信度可通过消除语法边界对知识转移产生显著正向影响。交互记忆的可信度是指团队成员对彼此专业知识准确性的信任程度。在软件外包项目过程

中，真正的知识获取、处理和利用过程，需借助团队成员建立起来的通用的语法规则进行集体编码、存储以及检索，进而促进知识转移的过程，因此，消除语法边界就是在不同的部门之间，建立通用的语法规则，为团队成员提供一个获取、利用和处理信息的认知和共享平台。

③语义边界在协调度对项目成功的影响中产生完全中介效应，说明语义边界在交互记忆的协调度对知识转移的影响中产生完全中介效应。即协调度可通过消除语义边界对软件外包项目成功产生显著正向影响。协调度是指在完成任务的过程中，团队成员间互助合作的流畅程度。这种相互合作性有助于消除语义边界，使接包方和发包方成员对彼此传递过来的组织目标及知识系统构建一致理解，降低对信息的误解程度，从而促进软件外包项目的成功。

④语用边界在协调度对项目成功的影响中产生完全中介效应，说明语用边界在交互记忆的协调度对项目成功的影响中产生完全中介效应。即协调度可通过消除语用边界对项目成功产生显著正向影响，在软件外包团队中接包方成员与发包方成员建立有效的协作方式有助于消除语用边界，接包方成员借助快速学习，掌握发包方所传递的信息和知识，并与自身已掌握的知识和技能相融合，促进知识的消化和整合，实现知识的转化，促进项目的成功。

6.4 本章小结

本章针对知识边界在交互记忆对项目绩效的影响中的中介效应进行研

究。得出结论如下：

①语法边界在专长度对知识转移的影响中产生部分中介效应。即专长度可通过消除语法边界对知识转移产生显著正向影响，也可以直接对软件外包项目知识转移产生显著正向影响。

②语法边界在可信度对知识转移的影响中产生完全中介效应。即可信度可通过消除语法边界对知识转移产生显著正向影响。

③语义边界在协调度对项目成功的影响中产生完全中介效应。即协调度可通过消除语义边界对软件外包项目成功产生显著正向影响。

④语用边界在协调度对项目成功的影响中产生完全中介效应。即协调度可通过消除语用边界对项目成功产生显著正向影响，

综上分析，知识边界在交互记忆对项目绩效的影响中既产生部分中介效应，也产生完全中介效应。软件外包团队项目应积极建立团队成员间对信息的统一编码，去除不规范的表达方式，减少由于团队成员知识结构不同造成对知识理解上的偏差，促进知识的消化和整合，实现知识的转化，消除语法边界、语义边界和语用边界，进而提高软件外包项目绩效。

7

知识边界在共享心智对软件外包团队项目绩效影响的中介效应

7.1 引言

在复杂情境下，软件外包企业为应对不断变化的内外部环境，需要整合来自拥有不同专业语言、传统及目标的组织的专业知识，因此越来越多的软件外包企业采用团队模式进行工作。Carlile（2002）认为在团队合作过程中总是存在一系列障碍，而这些障碍就是知识边界，这些障碍贯穿团队过程的始终，并制约了团队成员对相关知识的共同一致性认知[17]。孙彤彤（2015）认为共享心智能够帮助团队成员以一种相似的方式解释信息、情景，并对未来具有相似的预期，从而促使团队成员能够根据任务的差异化需求，在需要时及时调整进程以适应软件外包团队项目的开展[211]。Swart（2011）认为消除知识边界可以更有效地为支持某一核心项目运行所需的自有知识以及互补知识、相关知识的知识集合[126]。共享心智也能够使团队成员应对复杂、模糊多变的情境有共同一致性的理解或共识，进而帮助团队成员解释突发事件、减少团队过程的损耗，从而提高软件外包团队项目绩效。

知识边界是指在团队合作中由于不同部门所处的背景以及专长知识不同，在知识整合过程中存在的障碍。知识边界由语法边界、语义边界和语用边界三个维度构成。

共享心智是指团队成员对项目任务目标和运作，团队内部沟通和协调形成一致性认知。共享心智由项目相关共享心智和团队相关共享心智两个维度构成。

软件外包团队项目绩效是指对承接项目是否达成企业经济及技术利益并及时交付完成和提供满意服务。软件外包团队项目绩效由知识转移和项目成功两个维度构成。

综上，本章研究知识边界在共享心智对软件外包团队项目绩效影响的中介效应。从语法边界、语义边界和语用边界三个维度来测量知识边界，从项目相关共享心智和团队相关共享心智两个维度来测量共享心智，从知识转移和项目成功两个维度来测量软件外包团队项目绩效，通过构建结构方程模型，分析语法边界、语义边界、语用边界在共享心智对软件外包团队项目绩效影响的中介效应。

7.2 理论分析与研究假设

知识边界是软件外包团队在项目实施过程中遇到的知识障碍，并贯穿项目实施的整个过程。在软件开发团队中，共享心智能够使团队成员基于共同理解对问题、冲突以及团队未来功能、预算、时间完成等表现出预测的一致性。软件外包团队作为高度知识密集型研发团队，在承接软件发包方的任务，运行中需要更加复杂、分散和专业的知识，因此，共享心智的发展不仅需要团队成员交叉重叠的知识，还需要团队成员共享文化，互补、协作或分布。消除在软件外包团队项目实施过程当中遇到的知识障碍，即消除语法边界、语义边界和语用边界，才能更好地促进共享心智对软件外包团队项目绩效的影响。

本研究主要针对知识边界在共享心智对项目绩效影响的中介效应的关系进行具体分析。

7.2.1 共享心智与知识边界

（1）共享心智与语法边界

语法边界是指为了实现不同成员之间知识转移中存在的障碍。不同部门在合作协同过程中，由于所属不同部门，工作情境和工作内容不同，团队成员会使用不同的术语、编码、惯例等不同的表达方式，这些表达方式很难被其他部门成员完全认可和接受，因为在信息或者知识的表达方式上没有统一的标准，导致了语法上的知识边界。知识边界概念提出者 Carlile（2002）指出利用分类法以及使用存储、检索技术能够有效地消除语法知识边界 [17]。

软件外包项目过程中，由于接包方与发包方在地域、文化、知识领域等存在较大差异，因此，发包方与接包方成员在术语、编码、惯例等方面缺乏统一规范的表达方式，从而导致双方难以形成对团队项目任务目标、任务情境、流程、策略等的共同一致性认知，这种障碍即为语法上的知识边界。共享心智的两个维度项目相关共享心智和团队相关共享心智，有助于消除语法知识边界，有助于团队成员对项目任务、流程、沟通方式、协调方式等方面形成一种默契，促使团队成员彼此形成共同一致性认知。基于上述分析，提出假设：

H9：共享心智对消除语法边界有显著正向影响。具体内容包括：

H9a：项目相关的共享心智对消除语法边界有显著正向影响。

H9b：团队相关的共享心智对消除语法边界有显著正向影响。

（2）共享心智与语义边界

语义边界是指实现团队成员需要对传递过来的知识进行理解中存在的障碍。由于知识根植于特定的活动或情境中，除了语法规则外，还需要更深层次的理解，知识的创新性，使得成员不了解所传递信息的表达情况，导致部门之间知识的差异性和依赖性模糊不清，而产生主观揣测，理解的偏差，这种因情境不同、假设不同、含义理解不同导致了语义上的知识边界。

在软件外包团队运行过程中，接包方需要经常与发包方沟通交流、及时讨论任务需求、客户业务要求、项目进度等，在此过程中需要团队成员能够及时、准确地理解发包方的决策方式、工作习惯、工作要求以及沟通方式，促使团队成员形成一种心照不宣的默契，从而应对复杂、动态、模糊的情境。Levesque 等（2001）认为对于软件研发团队来说，由于其软件项目的相对复杂性、动态性和非结构化，团队成员必须协调商议来达到关于任务和团队合作的共同理解[100]。然而因接包方与发包方所在地域的情境不同、文化背景不同，导致双方在项目相关知识的理解上存在障碍，这一障碍就是语义上的知识边界，共享心智两个维度项目相关的共享心智是和团队相关共享心智，有助于消除语义知识边界，从而促进团队成员形成对项目业务要求、项目业务策略以及沟通方式的一致性认知。基于上述分析，提出假设：

H10：共享心智对消除语义边界有显著正向影响。具体包括：

H10a：项目相关的共享心智对消除语义边界有显著正向影响。

H10b：团队相关的共享心智对消除语义边界有显著正向影响。

（3）共享心智与语用边界

语用边界是指团队成员需要对新的知识进行学习，与已有的知识相融合，实现知识的转化中存在的障碍。当团队成员已有的知识面临威胁时，人们往往不愿意对现状做出改变，人们习惯产生知识路径的依赖，不同成员对当前知识调整的差异性导致了语用上的知识边界。Jarvenpaa 和 Majchrzak（2008）认为交互记忆能够促进具有多重动机的成员利用自己的知识来解决实际问题，并以"谁做什么"的形式来告诉成员，从而帮助团队成员预测其他成员的行为，进而能够有助于跨越语用边界[208]。

在软件外包项目进行过程中，由于任务的动态变化，当团队成员已有的知识面临威胁时，接包方团队成员习惯产生知识路径的依赖，不愿意对已有知识做出更新并整合新知识，不同成员对当前知识调整的差异性严重阻碍软件外包项目的进程，往往使接包方承担未能如期完成的风险，而这种阻碍就是语用上的知识边界。Swart（2008）指出共享心智对消除语用边界起到重要的作用[126]。共享心智两个维度，项目相关的共享心智和团队相关的共享心智有助于促使团队成员形成对项目相关任务的沟通协作，有助于消除语用边界，促进团队成员新旧知识的融合与转化。基于上述分析，提出假设：

H11：共享心智对消除语用边界有显著正向影响。具体内容包括：

H11a：项目相关的共享心智对消除语用边界有显著正向影响。

H11b：团队相关的共享心智对消除语用边界有显著正向影响。

7.2.2 知识边界与项目绩效

（1）知识边界与知识转移

知识转移是指在软件外包项目进行过程中接包方从发包方团队成员那里获取知识的效果。要从发包方获取最佳的知识效果，软件外包项目团队成员要面临诸多问题：

首先，由于接包方和发包方来自不同团队，因此团队成员会使用不同的工作流程、不同的术语及不同的工具描述等，导致了知识转移过程中没有统一的标准范式，阻碍软件外包团队获取知识的效果，这个阻碍就是语法上的知识边界，因此，消除语法边界，才能提升软件外包团队项目成员获取知识的效果。

其次，由于知识根植于特定的活动或情境中，软件外包项目接包方必须准确无误地理解、使用所发包方传递的有效信息，然而，在接包方日常运行中常常因发包方与接包方所处地域不同、情境不同和文化不同而导致理解的障碍，而这些障碍就是语义上的知识边界，因此，消除语义边界才能使双方达成对任务、目标及相关知识的一致理解，从而降低对信息的误解程度，提高知识转化的正确率。

最后，在软件外包项目运行过程中，承接方需要对发包方传递的新知识进行学习，融合已有的知识结构，实现知识转化，然而接包方团队成员很难在短时间内快速改变原有的知识结构，更新知识并整合，这种排斥新知识的障碍就是语用上的知识边界，因此，消除语用边界才能不断吸收从发包方传递的新知识，促进新旧知识的整合，加深接包方团队成员获取知识的效果。

基于上述分析，提出假设：

H12：知识边界的消除对软件外包项目知识转移有显著正向影响。具体内容包括：

H12a：语法边界的消除对软件外包项目知识转移有显著正向影响。

H12b：语义边界的消除对软件外包项目知识转移有显著正向影响。

H12c：语用边界的消除对软件外包项目知识转移有显著正向影响。

（2）知识边界与项目成功

项目成功是软件外包项目团队对承接项目及时交付完成，实现预定软件项目目标的实际结果，达到了预期效能即项目成功。Carlile（2004）认为消除语法边界、语义边界和语用边界是软件外包团队项目成功的关键因素[18]。首先，软件项目是知识型任务，由于软件外包项目是在跨知识领域、跨地域、跨国别、跨文化特殊情境下进行的，因此团队成员在工作流程、术语和工具描述上的差异化，导致发包方与接包方在表达规范上差异化较大，严重阻碍接包方成员对项目知识的获取，也就是导致了语法上的知识边界。因此，消除语法边界才能保证软件外包项目及时交付并达到预期效果。

其次，由于接包方掌握软件功能运用领域的知识，发包方掌握商业领域的相关知识，因此接包方需将商业领域知识与软件技术功能领域的知识相融合。接包方需准确无误的接收并理解发包方传递的有效信息，才能完成发包方的项目任务。但是，接包方与发包方因跨领域、跨文化、跨地域而导致项目知识理解上的障碍，这种障碍就是语义上的知识边界，因此，消除语义边界才能保证项目的实现预定软件项目目标的实际结果。

最后，由于软件外包项目的复杂不确定性，在不同项目阶段，发包方的需求会不断变化，这就要求接包方在项目进行的过程中，随着需求的不断变化不断调整已有的知识结构，不断更新、整合新的知识。然而，由于团队成员无法快速改变原有知识结构，完成新旧知识的更新与融合，则会拖延软件外包项目预期完成的进度，最终导致项目失败，这种障碍就是语用上的知识边界。因此，消除语用边界才能有助于接包方建立项目的完整知识体系，进而保证软件外包项目保质保时达到预期效果。

基于上述分析，提出假设：

H13：知识边界的消除对于软件外包项目成功具有显著正向影响。具体包括：

H13a：语法边界的消除对软件外包项目成功有显著正向影响。

H13b：语义边界的消除对软件外包项目成功有显著正向影响。

H13c：语用边界的消除对软件外包项目成功有显著正向影响。

7.2.3 研究模型与研究假设

基于以上分析，共享心智对知识边界的消除具有显著正向影响，知识边界的消除对软件外包项目绩效具有显著正向影响，因此本研究构建知识边界在共享心智对软件外包项目绩效的影响中的中介效应研究模型。如图7-1所示。

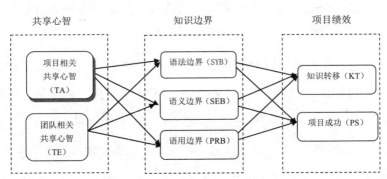

图7-1 知识边界在共享心智对项目绩效影响中的中介效应模型

7.3 中介效应分析

7.3.1 结构方程模型构建

目前，越来越多的学者赞同并采用结构方程模型技术来检验变量的中介效应，其优点在于不仅可以得到逐步回归分析法的效果，还能综合考虑测量误差项目造成的影响 (Allen，Shore 和 Griffeth，2003；侯杰泰、温忠麟和成子娟，2004)[209]。本研究也采用结构方程模型技术，以检验知识边界在共享心智对项目绩效的影响过程中是否起到中介效应。

知识边界在共享心智对项目绩效影响中的中介效应的初始结构方程模型的表达形式如图 7-2 所示。模型中包括 7 个变量，分别是：项目相关（ξ_1）、团队相关（ξ_2）、语法边界（η_1）、语义边界（η_2）、语用边界（η_3）、知识转移（η_4）、项目成功（η_5），其中，项目相关（ξ_1）、团队相关（ξ_2）为自变量，语法边界（η_1）、语义边界（η_2）、语用边界（η_3）为中介变量，知识转移（η_4）、项目成功（η_5）为因变量。x_i 代表共享心智各维度下的具体测量题项，y_i 代表知识边界和项目绩效下各维度的具体测量题项，β_i 代表各路径的标准化回归系数。

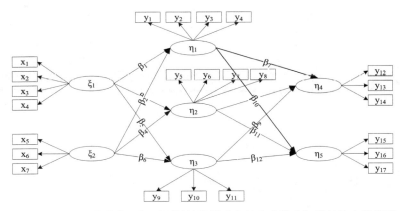

图7-2 知识边界在共享心智对项目绩效影响中的中介效应初始结构方程模型

7.3.2 主要变量的相关分析

共享心智、知识边界和项目绩效的相关分析结果如表 7-1 所示。结果显示，共享心智的两个维度（项目相关的共享心智和团队相关的共享心智）与知识边界的三个维度（语法边界、语义边界和语用边界）均存在显著的正相关关系。同时，知识边界的三个维度与项目绩效的两个维度（知识转移和项目成功）也存在显著的正相关关系。但是，相关分析只能检验两个变量间的相关性，不能明确两个变量之间的因果关系，也不意味着同时检验多个变量间关系时仍然存在显著的相关关系，因此，需要进一步通过结构方程模型分析对研究假设进行检验。

表7-1　主要变量的相关分析（n=524）

变量	均值	标准差	TA	TE	SYB	SEB	PRB	KT	PS
项目相关（TA）	3.899	0.664	1						
团队相关（TE）	3.919	0.663	0.684**	1					

续表

变量	均值	标准差	TA	TE	SYB	SEB	PRB	KT	PS
语法边界 （SYB）	3.792	0.648	0.575**	0.586**	1				
语义边界 （SEB）	3.464	0.697	0.392**	0.394**	0.558**	1			
语用边界 （PRB）	3.597	0.733	0.478**	0.494**	0.599**	0.633**	1		
知识转移 （KT）	3.906	0.721	0.484**	0.449**	0.436**	0.321**	0.422**	1	
项目成功 （PS）	4.045	0.684	0.501**	0.530**	0.516**	0.377**	0.437**	0.355**	1

注：** 表示在 0.01 水平（双侧）上显著相关。

7.3.3 中介效应结构方程模型检验

本章节所构建的理论模型认为，共享心智的两个维度（项目相关和团队相关）通过消除知识边界的三个维度（语法边界、语义边界和语用边界）对项目绩效的两个维度（知识转移和项目成功）产生显著正向影响，即知识边界的三个维度是共享心智与项目绩效之间关系的中介变量。但是中介效应存在完全中介和部分中介两种类型，即加入中介变量后，如果自变量与因变量的因果关系完全消失，则是完全中介变量，如果自变量与因变量的因果关系减弱，则是部分中介变量（Baron 2004）[201]。

本研究首先对知识边界的完全中介效应进行检验。图 7-3 显示了知识边界在共享心智对项目绩效影响中的中介效应的结构方程模型检验结果，表 7-2 为结构方程模型各项指标的拟合结果。

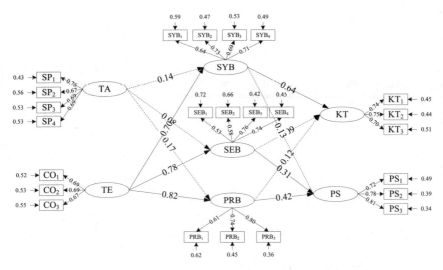

图7-3　知识边界在共享心智对项目绩效影响中的中介效应检验结果（n=524）

从表7-2中可以看出各项拟合指标基本达到了各自的要求，GFI和AGFI虽然略低于0.90，但接近0.90，仍在可接受的范围内。检验结果说明本章节构建的结构方程模型与数据的拟合情况较好，模型可以接受。

表7-2　模型的拟合指标（n=524）

χ^2	f	χ^2/f	GFI	AGFI	NNFI	CFI	SRMR	RMSEA
1113.39	239	4.66	0.85	0.82	0.96	0.96	0.071	0.082

表7-3将结构方程模型分析得到的路径系数和显著性水平进行了汇总。

表7-3　模型的路径分析（n=524）

关系	关系表达	参数	路径系数	T值
TA→SYB	$\xi_1 \rightarrow \eta_1$	β_1	0.14	1.46
TE→SYB	$\xi_2 \rightarrow \eta_1$	β_2	0.70	14.28**
TA→SEB	$\xi_1 \rightarrow \eta_2$	β_3	0.08	1.03
TE→SEB	$\xi_2 \rightarrow \eta_2$	β_4	0.78	10.63**

关系	关系表达	参数	路径系数	T值
TA→PRB	$\xi_1 \rightarrow \eta_3$	β_5	0.17	1.63
TE→PRB	$\xi_2 \rightarrow \eta_3$	β_6	0.82	12.61**
SYB→KT	$\eta_1 \rightarrow \eta_4$	β_7	0.64	10.08**
SEB→KT	$\eta_2 \rightarrow \eta_4$	β_8	0.09	1.13
PRB→KT	$\eta_3 \rightarrow \eta_4$	β_9	0.12	1.42
SYB→PS	$\eta_1 \rightarrow \eta_5$	β_{10}	0.13	1.35
SEB→PS	$\eta_2 \rightarrow \eta_5$	β_{11}	0.31	4.18**
PRB→PS	$\eta_3 \rightarrow \eta_5$	β_{12}	0.42	5.61**

注：** 表示在 0.01 水平（双侧）上显著相关，* 表示在 0.05 水平（双侧）上显著相关。

根据表 7-4 的假设检验结果得出：

①在共享心智与知识边界的关系中，项目相关的共享心智对消除语法边界、语义边界和语用边界均未产生显著影响；团队相关的共享心智对语法边界、语义边界和语用边界的消除均产生显著正向影响。

②在知识边界与项目绩效的关系中，语法边界的消除对知识转移产生显著正向影响，而语义边界和语用边界的消除对知识转移均未产生显著影响；语义边界和语用边界的消除对项目成功均产生显著正向影响，而语法边界的消除对项目成功未产生显著影响。

③对上述假设检验结果进行汇总，可以得出知识边界在共享心智与项目绩效的关系中产生三组中介效应：

语法边界在团队相关的共享心智对知识转移的影响中产生完全中介效应。

语义边界在团队相关的共享心智对项目成功的影响中产生完全中介效应。

语用边界在团队相关的共享心智对项目成功的影响中产生完全中介效应。

表7-4 假设检验结果

假设	假设描述	检验结果
H9a	项目相关的共享心智对语法边界有显著正向影响	不支持
H9b	团队相关的共享心智对语法边界有显著正向影响	支持
H10a	项目相关的共享心智对语义边界有显著正向影响	不支持
H10b	团队相关的共享心智对语义边界的消除有显著正向影响	支持
H11a	项目相关的共享心智对语用边界的消除有显著正向影响	不支持
H11b	团队相关的共享心智对语用边界的消除有显著正向影响	支持
H12a	语法边界的消除对软件外包项目知识转移有显著正向影响	支持
H12b	语义边界的消除对软件外包项目知识转移有显著正向影响	不支持
H12c	语用边界的消除对软件外包项目知识转移有显著正向影响	不支持
H13a	语法边界的消除对软件外包项目成功有显著正向影响	不支持
H13b	语义边界的消除对软件外包项目成功有显著正向影响	支持
H13c	语用边界的消除对软件外包项目成功有显著正向影响	支持

为进一步深入分析知识边界的中介效应，验证知识边界在共享心智与项目绩效的关系中产生的中介效应，知识边界所起的是完全中介还是部分中介效应，研究引入竞争模型进行对比分析。

本章节的理论模型假设知识边界的三个维度是共享心智两个维度与项目绩效两个维度之间的完全中介变量。在此基础上提出一个竞争模型与上述模型进行比较，该竞争模型的含义为共享心智的两个维度不仅通过消除知识边界的三个维度对项目绩效的两个维度产生影响，而且对项目绩效的两个维度产生直接影响。即知识边界的三个维度是共享心智两个维度与项目绩效两个维度之间的部分中介变量。

根据第五章中共享心智对项目绩效的影响分析结果，本章节在图7-2所构建的初始结构方程模型的基础上，增加项目相关的共享心智对软件外包项目知识转移的直接影响、团队相关的共享心智对软件外包知识转移的直接影响、团队相关的共享心智对软件外包项目成功的直接影响三条路径，构建如图 7-4 所示的竞争模型。

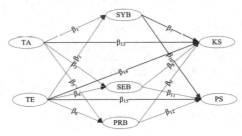

图7-4　竞争模型

竞争模型的结构方程模型检验的结果如图 7-5 所示。为了更加清晰地表明分析结果，图 7-5 中仅显示具有显著影响的路径。

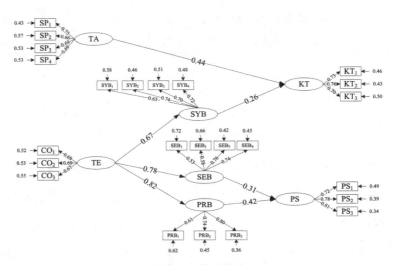

图7-5　竞争模型的检验结果（n=524）

表 7-5 反映出竞争模型的各项拟合指标基本达到了各自的要求，GFI 和 AGFI 虽然略低于 0.90，但接近 0.90，仍在可接受的范围内。检验结果说明本章节构建的竞争模型与数据的拟合情况较好，模型可以接受。竞争模型的各项指标和完全中介效应模型的各项指标相比较，部分拟合指标要优于完全中介效应模型，而且竞争模型中对知识边界的中介效应的分析更

为全面，在理论上具有一定的优越性，因此可以采用竞争模型替代完全中介效应模型。

表7-5 竞争模型的拟合指标（n=524）

χ^2	f	χ^2/f	GFI	AGFI	NNFI	CFI	SRMR	RMSEA
1088.70	238	4.57	0.85	0.82	0.96	0.96	0.069	0.081

竞争模型的检验结果揭示出知识边界在共享心智对项目绩效的影响中产生如下中介效应：

项目相关的共享心智对知识转移产生直接正向影响，即项目相关共享心智可以对知识转移产生显著正向影响；语法边界是团队相关的共享心智对知识转移产生影响的完全中介变量，即团队相关的共享心智可以通过消除语法边界对知识转移产生显著正向影响；语义边界是团队相关的共享心智对项目成功产生影响的完全中介变量，即团队相关的共享心智可以通过消除语义边界对项目成功产生显著正向影响；语用边界是团队相关的共享心智对项目产生成功影响的完全中介变量，即团队相关的共享心智可以通过消除语用边界对项目成功产生显著正向影响。

通过上述两个模型的检验结果及其比较，本研究发现知识边界中的三个维度（语法边界、语义边界和语用边界）中仅有部分维度在共享心智对项目绩效的影响中产生中介效应，研究结果表明：

①项目相关的共享心智对知识转移产生直接影响，说明项目相关的共享心智可以直接对知识转移产生显著正向影响。

在软件外包项目团队中，项目目标、流程、策略等的共识能够帮助接包方和发包方严格按照软件开发流程及规范完成项目任务，形成基于任务目标、流程、策略的一致性认知，从而减少工作误会，因此，项目相关的共享心智有助于提高软件外包团队接包方从发包方团队成员那里获取知识的效果。

②语法边界在团队相关的共享心智对知识转移的影响中产生完全中介效应，说明语法边界在团队相关共享心智对知识转移的影响中产生完全中介效应。

在软件外包团队运行过程中，接包方团队成员的知识获取、处理和利用过程，需要依靠团队成员彼此熟悉，才能促使团队成员形成一种默契，因此必须消除语法边界，团队成员才能对团队内部如何相互沟通、协调工作形成共同一致性认知。因此，团队相关的共享心智必须要通过团队成员消除语法边界，才能提高软件外包团队接包方从发包方团队成员那里获取知识的效果。

③语义边界在团队相关的共享心智对项目成功的影响中产生完全中介效应，说明语义边界在团队相关共享心智对项目成功的影响中产生完全中介效应。

在软件外包团队运行过程中，接包方团队成员的知识获取、处理和利用过程，需要依靠团队成员彼此熟悉，才能促使团队成员形成一种默契，因此必须消除语义边界，才能保证团队内部形成理解上的一致性，从而保证形成相互沟通、协调工作的共同一致性认知，从而降低对任务要求、关键信息的误解程度，促使项目团队对承接项目及时交付完成，实现预定软件项目目标的实际结果，达到预期效能。

④语用边界在团队相关的共享心智对项目成功的影响中产生完全中介效应，说明语用边界在团队相关共享心智对项目成功的影响中产生完全中介效应。

在软件外包项目进行过程中，由于任务的动态变化，接包方成员必须对已有知识做出更新并整合，接包方团队成员的知识获取、处理和利用过程，需要依靠团队成员彼此熟悉，才能促使团队成员形成一种默契，因此必须消除语用边界，减少知识更新的障碍，才能促使团队成员形成相互沟通、协调的一致性认知，促使项目团队能够顺利交付完成，实现软件外包项目预期效能。

7.4　本章小结

本章针对知识边界在共享心智对项目绩效的影响中的中介效应进行研究。得出结论如下：

（1）语法边界在团队相关的共享心智对知识转移的影响中产生完全中介效应。即团队相关共享心智可通过消除语法边界对知识转移产生显著正向影响。

（2）语义边界在团队相关的共享心智对项目成功的影响中产生完全中介效应。即团队相关的共享心智可通过消除语义边界对项目成功产生显著正向影响。

（3）语用边界在团队相关的共享心智对项目成功的影响中产生完全中介效应。即团队相关的共享心智可通过消除语用边界对项目成功产生显著正向影响。

综上分析，知识边界在共享心智对项目绩效的影响中既产生部分中介效应也产生完全中介效应。软件外包团队项目应积极培养团队成员的沟通协作，消除语法边界、语义边界和语用边界，促进团队成员彼此协调，进而培养团队成员形成一种默契，进一步促使团队成员形成一致性认知，加强团队项目知识的转化，进而提高软件外包团队项目绩效。

8

结论与展望

8.1 研究结论

本书以我国软件企业为研究对象，以团队认知理论和知识边界理论为基础，研究了交互记忆、共享心智对项目绩效的关系，并探讨了知识边界在交互记忆、共享心智对软件外包团队项目绩效影响的中介作用，本研究采用理论分析、描述性统计、结构方程等方法对研究主题进行了分析，主要得到如下的研究结论：

①在文献研究的基础上，构建了交互记忆、共享心智对软件外包团队项目绩效研究框架模型，界定了交互记忆、共享心智、知识边界和项目绩效的内涵、构成与测量，采用调研的原始数据，进行量表的内部一致性信度、结构效度、收效效度和区别效度检验，修正了交互记忆测量量表、共享心智测量量表和项目绩效测量量表，开发并验证了知识边界测量量表。

②交互记忆对软件外包团队项目绩效的影响。

交互记忆的专长度、可信度显著影响了软件外包团队项目绩效的知识转移，交互记忆的协调度显著影响了软件外包团队项目绩效的项目成功。

交互记忆的专长度对软件外包团队项目绩效的知识转移产生显著正向影响。软件外包团队成员通过各自的专长认知的交互合作过程，促进知识从知识源向接收方转移，缩短专长知识交互作用的时间，进而提高知识转移效率，提高知识转移准确性，促进知识转移绩效的提升。

交互记忆的可信度对软件外包项目绩效的知识转移产生显著正向影响，说明在承接方与发包方合作开发软件项目的过程中，团队成员要对彼此的知识和能力给予充分信任，在合作过程中有效地管理团队成员专长和知识的互依赖性，有效地协调彼此的任务，软件外包项目团队承接方成员对发包方成员提供知识的信任有利于提高知识转移绩效。

交互记忆的协调度对软件外包团队项目绩效的项目成功产生显著正向影响，说明在软件外包项目中，发包方和承接方出于共同的愿望，双方彼此能够有效协调共同分享相关知识、技能，并充分利用和整合团队成员的专长和知识，促进项目成功。

③共享心智对软件外包团队项目绩效的影响。

项目相关的共享心智显著影响了软件外包项目绩效的知识转移，团队相关的共享心智显著影响了软件外包团队项目绩效的知识转移和项目成功。

项目相关的共享心智对软件外包项目绩效的知识转移产生显著正向影响。项目相关的共享心智能够促进软件外包项目的知识转移，能够促进团队成员拥有项目相关的共同性认知，使得接包方成员通过与发包方的长时间项目合作经历，逐渐学习发包方关于外包项目的任务目标、战略、工作习惯、团队交互方式等的成功经验，而这些优秀的成功经验有利于提高知识转移绩效。因此，项目相关的共享心智对软件外包团队项目绩效的知识转移的提升起着积极的不容忽视的作用。

团队相关的共享心智对软件外包团队项目绩效的知识转移和项目成功均产生显著正向影响。从知识转移的意愿和机会来讲，一方面团队成员之间的共享心智可以促成团队成员对团队目标、任务技能等知识结构的共同理解，促使团队内部形成一种内在的"共同知识"与"共同愿景"，使团队成员间的知识转移行为不断收敛在共同的组织目标之下，进而促进团队成员间的相互协调与合作的能力，提高软件外包团队项目成员知识转移的意愿，增加团队内知识转移的机会。另一方面，共享心智会提高团队项目成员参与知识转移的积极性，促使成员采取适应他人或者适当的行为来达成知识转移的目的，就团队成员知识转移双方而言，共有知识越多，知识传递方就越能选择适合的方式传递知识，而作为知识接受方就越容易吸收知识，知识转移就越容易实现。因此，团队相关的共享心智程度越高，团队内部知识转移障碍就越小，知识转移就越容易实现，知识转移绩效就越高，项目获得成功的几率就越大。

④知识边界在交互记忆对软件外包团队项目绩效影响的中介效应。

语法边界在交互记忆的专长度对知识转移的影响中产生部分中介效应。

首先，专长度可通过消除语法边界对知识转移产生显著正向影响。语法边界的消除有利于团队在知识或者信息的表达方式上形成规范一致的语法规则，而规范的语法规则对信息的表达形式要求严格，使之能够被团队成员完全地接受和认可，从而降低信息处理的不确定性，有助于团队成员的专长能够被其他成员更好地感知和传递，从而促进知识在团队中的传递和转移。

其次，专长度可直接对软件外包项目知识转移产生显著正向影响。交互记忆的专长度是指团队成员感知彼此专业知识领域差异化程度。群体成员可以通过了解"谁知道什么"来依赖他人记住专业领域差异化的知识，交互记忆的专长度可以促使团队成员对其他成员的专长与技能建立知识目录，从而更好地熟悉知识领域。

语法边界在交互记忆的可信度对知识转移的影响中产生完全中介效

应。即可信度可通过消除语法边界对知识转移产生显著正向影响。交互记忆的可信度是指团队成员对彼此专业知识准确性的信任程度。在软件外包项目过程中，真正的知识获取、处理和利用过程，需借助团队成员建立起来的通用的语法规则进行集体编码、存储以及检索，进而促进知识转移的过程，因此，消除语法边界就是在不同的部门之间建立通用的语法规则，为团队成员提供一个获取、利用和处理信息的认知和共享平台。

语义边界在交互记忆的协调度对项目成功的影响中产生完全中介效应。即协调度可通过消除语义边界对软件外包项目成功产生显著正向影响。协调度是指在完成任务的过程中，团队成员间互助合作的流畅程度。这种相互合作性有助于消除语义边界，使接包方和发包方成员对彼此传递过来的组织目标及知识系统构建一致理解，降低对信息的误解程度，从而促进软件外包项目的成功。

语用边界在交互记忆的协调度对项目成功的影响中产生完全中介效应。即协调度可通过消除语用边界对项目成功产生显著正向影响，在软件外包团队中接包方成员与发包方成员建立有效的协作方式有助于消除语用边界，接包方成员借助快速学习，掌握发包方所传递的信息和知识，并与自身已掌握的知识和技能相融合，促进知识的消化和整合，实现知识的转化，促进项目的成功。

⑤知识边界在共享心智对软件外包团队项目绩效影响的中介效应。

语法边界在团队相关的共享心智对知识转移的影响中产生完全中介效应。在软件外包团队运行过程中，接包方团队成员的知识获取、处理和利用过程，需要依靠团队成员彼此熟悉，才能促使团队成员形成一种默契，因此消除语法边界，团队成员才能对团队内部如何相互沟通、协调工作形成共同一致性认知。因此，团队相关的共享心智要通过团队成员消除语法边界，才能提高软件外包团队接包方从发包方团队成员那里获取知识的效果。

语义边界在团队相关的共享心智对项目成功的影响中产生完全中介效应。在软件外包团队运行过程中，接包方团队成员的知识获取、处理和利用过程，需要依靠团队成员彼此熟悉，才能促使团队成员形成一种默契，因此消除语义边界，才能保证团队内部形成理解上的一致性，从而保证形成相互沟通、协调工作的共同一致性认知，从而降低对任务要求、关键信息的误解程度，促使项目团队对承接项目及时交付完成，实现预定软件项目目标的实际结果，达到预期效能。

语用边界在团队相关的共享心智对项目成功的影响中产生完全中介效应。在软件外包项目进行过程中，由于任务的动态变化，接包方成员对已有知识做出更新并整合，接包方团队成员的知识获取、处理和利用过程，需要依靠团队成员彼此熟悉，才能促使团队成员形成一种默契，因此消除语用边界，减少知识更新的障碍，才能促使团队成员形成相互沟通、协调的一致性认知，促使项目团队能够顺利交付完成，实现软件外包项目预期效能。

8.2 主要创新点

本书的主要创新点如下：

创新点1：构建了交互记忆、共享心智对软件外包团队项目绩效影响的研究框架模型，界定了交互记忆、共享心智、知识边界和项目绩效的概念，修正并开发了四个测量量表。

本书在对现有团队认知理论和知识边界理论系统回顾的基础上，构建了交互记忆、共享心智对软件外包团队项目绩效影响的研究框架模型。通过定量和定性相结合的方法实现了软件外包团队项目绩效、交互记忆、共享心智和知识边界构念的测度，将交互记忆识别为"专长度""可信度""协调度"三个核心维度的构念，并形成测量量表，将共享心智识别为"项目相关共享心智""团队相关共享心智"两个核心维度的构念，并形成测量量表。本书在研究知识边界理论的基础上，通过对知识边界理论的深入研究最终形成"语法边界""语用边界""语义边界"三个维度。本研究在项目绩效相关文献研究的基础上，形成"知识转移""项目成功"两个维度，界定了交互记忆、共享心智、知识边界和项目绩效的内涵、构成与测量，采用调研的原始数据，进行量表的内部一致性信度、结构效度、收效效度和区别效度检验，修正了交互记忆测量量表、共享心智测量量表和项目绩效测量量表，开发并验证了知识边界测量量表。

创新点 2：揭示了交互记忆对软件外包团队项目绩效的影响机制和共享心智对软件外包团队项目绩效的影响机制。

交互记忆的专长度有助于软件外包团队项目绩效的知识转移。软件外包团队成员通过各自的专长认知的交互合作过程，促进知识从知识源向接收方转移，进而弥补自己的认知有限性和对知识准确性质疑的记忆，缩短专长知识交互作用的时间，提高知识转移准确性，促进软件外包团队项目绩效的知识转移。交互记忆的信任度有助于软件外包团队项目绩效的知识转移。当团队成员形成情感的相互信任，就会促进团队成员彼此分享自己的信息和专长，从而减少对他人的监督，减少反复多次搜寻信息的行为，从而更加默契地合作，促进软件外包团队项目绩效的知识转移。交互记忆的协调度有助于软件外包团队项目绩效的项目成功。在软件外包项目中，发包方和承接方出于共同的愿望，双方彼此能够有效地协调双方的任务，清楚地了解谁知道什么，以及怎样才能让彼此的知识配合得恰到好处，进而有效协调团队成员间相关知识、技能的彼此分享，促进软件外包团队项目绩效的项目成功。

项目相关的共享心智有助于促进软件外包团队项目绩效的知识转移。项目相关的共享心智能更好地适应任务和其他成员的需求变动，减少成员间的误会，从团队整体出发，为成员做出最优决策提供帮助，促进团队成员之间快速有效地对项目任务、流程和策略达成一致性理解，增强彼此之间的支持与合作，项目相关共享心智越高，团队成员对分布或互补的知识结构的认知程度越高，团队成员交流信息的效率越高，从而促进软件外包团队项目绩效的知识转移。团队相关的共享心智有助于促进软件外包团队项目绩效的知识转移。团队相关的共享心智能更好地促进接包方与发包方沟通交流，并及时、准确地理解发包方决策方式、工作习惯以及同发包方协调配合，达成一致性认知，从而促进接包方从发包方获取相关知识和技能，促进软件外包团队项目绩效知识转移。团队相关的共享心智有助于促进软件外包团队项目绩效的项目成功。团队相关共享心智保证了团队成员形成团队内部相互沟通、协调工作的一致性认知，进而提高软件外包团队项目成员间交流共享的效率，加速团队决策的实施，促进软件外包团队项目绩效的项目成功。

创新点 3：验证并揭示了知识边界在交互记忆对软件外包团队项目绩效影响的中介作用以及知识边界在共享心智对软件外包团队项目绩效影响的中介作用。

交互记忆的专长度可通过消除语法边界促进软件外包团队项目绩效的

知识转移。语法边界的消除是基于建立统一编码，去除不规范的表达方式，从而减少由于团队成员知识结构不同造成的对知识理解上的偏差，增强知识的消化和整合，进而促进专长度对软件外包团队项目绩效的知识转移。交互记忆的可信度可通过消除语法边界促进软件外包团队项目绩效的知识转移。消除语法边界通过建立通用的语法规则，进行集体编码、存储以及检索，为团队成员提供一个获取、利用和处理信息的认知和共享平台，进而促进软件外包团队项目绩效的知识转移。交互记忆的协调度可通过消除语义边界促进软件外包团队项目绩效的项目成功。消除语义边界能够降低对信息的误解程度，使接包方和发包方成员对彼此传递过来的目标和知识系统构建一致性理解，从而促进软件外包项目绩效的项目成功。交互记忆的协调度可通过消除语用边界促进软件外包项目绩效的项目成功。消除语用边界有助于团队成员快速学习并掌握发包方传递的信息和知识，促成自身掌握的知识和新知识、技能相融合，从而促进软件外包项目绩效的项目成功。

团队相关的共享心智可通过消除语法边界促进软件外包团队项目绩效的知识转移。团队相关的共享心智通过消除语法边界，促使团队成员形成如何相互沟通、协调工作的一致性认知，从而提高软件外包团队接包方从发包方团队成员那里获取知识的效果，保证软件外包团队项目绩效的知识转移。团队相关的共享心智可通过消除语义边界促进软件外包团队项目绩效的项目成功。消除语义边界能够促进团队成员彼此熟悉，彼此默契，降低对任务和关键信息的误解，从而保证团队成员及时完成并交付项目，实现项目目标的预期结果，从而促进软件外包团队项目绩效的项目成功。团队相关的共享心智可通过消除语用边界促进软件外包团队项目绩效的项目成功。消除语用边界，可减少知识更新的障碍，促进团队成员从发包方成员进行知识获取、处理和利用，促使团队成员形成相互沟通、协调的一致性认知，进而提高软件外包团队项目绩效的项目成功。

8.3 研究建议与对策

（1）管理者应意识到交互记忆的维护和发展对团队完成项目任务的重要性，不断加强软件外包团队项目交互记忆的建设。

首先，要注重软件外包团队成员的专长度。应招揽各类专业人才，优化软件外包团队成员知识结构，建立包含不同专业的知识库，促进团队成员在各自负责的知识和技能领域钻研更深，成为名副其实的"专家"。应从专长度来优化团队的知识结构，挑选具有互补性专长的人组成团队，强调各成员所擅长的不同专业领域，交互记忆的专长度的形成，防止团队成员知识冗余，实现专长知识共享和知识价值最大化，从而有利于提高软件外包团队项目绩效的知识转移。

其次，要注重软件外包团队成员的可信度。建立团队成员之间的互信机制，减少人员流动，保持软件外包团队成员的稳定性，培养团队成员的相互信任的团队氛围，形成团队成员的相互信任，当任务需要某些信息时，团队成员不必掌握所有领域的知识，只需了解团队中谁掌握了此部分知识，从而基于对他人专长的了解和信任，更快速、准确地寻求和获取信息。

最后，要注重软件外包团队成员的协调度。通过制定相关政策，促进软件外包团队项目成员对彼此的协调机制。对常规任务，团队成员只需要通过正规机制来分派任务，管理资源，相互依赖。在执行复杂、非惯例化的任务时，需要分解任务，协调并整合，需要团队成员彼此协调多专业领域的知识，处理不断涌现的新信息和新知识，团队成员相互协作，形成团队知识管理系统，通过向专家发出求助并得到帮助的协作过程，增强团队成员的信息处理能力。

（2）管理者应意识到软件外包团队共享心智的维护和发展对团队完成项目任务的重要性，不断加强软件外包团队项目共享心智的形成。

首先，注重软件外包团队成员的项目相关的共享心智。在项目运行过程中，应着重培养团队成员对系统开发目标、程序编码、文档规范等基础性知识的共识，并注重团队成员间专长、方法、信息知识等方面的互补，建设团队成员对项目任务目标、任务情境、流程策略等形成一致性认知，相关共享心智的形成发展，增强软件外包团队项目绩效的知识转移。

其次，注重软件外包团队成员的团队相关的共享心智。软件外包团队项目负责人应主动提供沟通交流机会，定期同发包方进行沟通与讨论，同时鼓励软件外包团队项目成员间多交流、联系与合作，增进彼此熟悉的专长知识领域，促进软件外包团队项目成员形成对团队内部如何沟通、协调工作的一致性认知，在软件外包团队项目完成后应注意与发包方的作业方式、工作状态、工作思维、文化、习惯用语等共同性认知进行总结，选择团队成员实地观察发包方的工作环境，体验发包方的工作状态，同时企业也可以给软件外包团队成员提供更多的专业知识培训机会，进而增强软件外包团队项目绩效的知识转移和项目成功。

（3）管理者应采取积极措施消除知识边界的语法边界、语义边界和语用边界，保证交互记忆和共享心智对软件外包团队项目绩效的正向影响。

首先，建立软件外包团队项目运行过程中的团队知识网络，统一编码，统一规范，从而保证交互记忆对项目绩效的影响作用。软件外包团队项目应积极建立团队成员间对信息的统一编码，建立团队成员间对信息或者知识的统一编码，去除不规范的表达方式，统一团队中的专业术语，减少由于团队成员知识结构不同造成对知识理解上的偏差，积极介入成员间关系网络的建立，鼓励团队成员多交流、联系，使团队成员对事物有比较一致的理解，形成软件外包团队项目的交互记忆的专长度、可信度、协调度，从而保证软件外包团队相关知识的消化和整合，实现知识的转化，消除语法边界、语义边界和语用边界，进而保证交互记忆对软件外包团队项目绩效的积极影响作用。

其次，培育团队成员形成对项目任务目标和运作，以及团队内部沟通和协调的一致性认知，消除知识边界，保证共享心智对软件外包团队项目绩效的积极影响。在软件外包团队运行过程中，接包方团队成员的知识获取、处理和利用过程，需要依靠团队成员彼此熟悉，才能促使团队成员形成一种默契，根据软件外包团队项目成员的不同优势合理分配项目任务，鼓励团队成员间相互帮助，提高新知识的应用效率，建立统一、通用的规范编码，减少团队成员语义认知上的偏差，积极建立知识管理网，从而降低对任务要求、关键信息的误解程度，鼓励团队成员学习并使用新知识，消除软件外包团队成员对新知识的抵触、排斥心理，积极妥善处理好在软件外包团队运行过程中各种问题与障碍，加强软件外包团队项目相关知识的培训，形成软件外包团队项目的项目相关共享心智和团队相关共享心智，进而保证项目团队对承接项目及时交付完成，实现预定软件项目目标的实际结果，达到预期效能。因此，消除语法边界、语义边界和语用边界是保证共享心智对软件外包团队项目绩效的正向影响作用的根本。

8.4 研究局限与展望

（1）关于研究的样本分布问题，由于时间和精力有限以及调研的可行性，本研究的样本分布主要集中在北京软件园和大连软件园，但是从本书的立意——着眼于我国软件外包企业来看，地域分布的覆盖面仍不够，不足以体现我国软件外包企业的实际特点，因此对研究结论的普适性有待进一步验证。后续研究中，应该拓宽研究样本的选择，并且应该选择不同地理位置、不同职能部门、不同级别的企业和测试者作为研究对象。

（2）本研究中的一些研究变量的测量是笔者根据软件外包团队项目经理访谈和相关文献生成的，虽然通过了可靠性和有效性检验，但是仍然需要进一步的验证。后续研究中，应考虑加入沟通、文化差异、信任等因素到研究变量中。

（3）本研究由于精力及实践有限，采用了横截面研究，所得出的结论本质上为变量间的相关关系，但是更为严谨的因果关系需要通过纵向研究进行分析，纵向研究一般需要多年的连续观察数据，在后续研究中应注重纵向研究。

参考文献

----

[1] 曲刚，李伯森. 软件外包项目复杂性下的交互记忆系统与知识转移 [J]. 管理科学 , 2011(3): 65–74.

[2] Akgün A E, Lynn G S, Byrne J C. Organizational learning: A socio-cognitive framework[J]. Human relations, 2003, 56(7): 839–868.

[3] Kern T, Willcocks L, Heck E V. The winner's curse in outsourcing: How to avoid relational trauma[M]. Palgrave Macmillan UK, 2006.

[4] 曲刚，鲍晓娜，彭姝琳. 项目复杂性和团队社会认同情境下交互记忆对软件外包项目绩效作用研究 [J]. 管理评论 , 2016, 28(10): 181–192.

[5] 黄海艳. 交互记忆系统与研发团队的创新绩效 : 以心理安全为调节变量 [J]. 管理评论 , 2014, 26(12): 91.

[6] 白新文，刘武，林琳. 共享心智模型影响团队绩效的权变模型 [J]. 心理学报 , 2011, 43(5): 561–572.

[7] Cannon-Bowers J A, Salas E, Converse S. Shared Mental Models in Expert Team Decision Making[J]. Human relations, 1993: 221–246.

[8] 林晓敏，白新文，林琳. 团队心智模型相似性与正确性对团队创造力的影响 [J]. 心理学报 , 2014, 46(11): 1734–1747.

[9] Bandura A. Social Foundations of Thought and Action: A Social Cognitive Theory[J]. Pearson Schweiz Ag, 1986.

[10] 袁艺. 基于社会认知理论的企业成员知识分享行为研究 [D]. 重庆：重庆大学, 2008.

[11] Hodgkinson G P, Healey M P. Cognition in organizations[J]. Annual Review of Psychology，2007, 59(59): 387.

[12] 吕洁，张钢. 团队认知的涌现：基于集体信息加工的视角 [J]. 心理科学进展，2013, 21(12): 2214–2223.

[13] 王三义，何风林. 社会资本的认知维度对知识转移的影响路径研究 [J]. 统计与决策，2007(5): 122–123.

[14] 彭正龙，陶然. 基于认知能力的项目团队内部知识特性对知识转移影响机制研究 [J]. 情报杂志, 2008, 27(9): 45–49.

[15] Nahapiet, Elizabeth J. Towards a theory of the dynamic firm: knowledge, learning and social relationships[J]. London Business School, 2003.

[16] 窦红宾，马莉. 社会网络和团队认知对团队知识转移的影响 [J]. 西安航空学院学报, 2011, 29(2): 32–35.

[17] Carlile P R. A Pragmatic View of Knowledge and Boundaries: Boundary Objects in New Product Development[J]. Organization Science, 2002, 13(4): 442–455.

[18] Carlile P R. Transferring, Translating, and Transforming: An Integrative Framework for Managing Knowledge across Boundaries[J].Organization Science, 2004, 15(5): 555–568.

[19] Harrigan K R. An application of clustering for strategic group analysis[J]. Strategic Management Journal, 1985, 6(1): 55–73.

[20] Prahalad C, Hamel G. The core competency of the corporation[J].My Publications, 1990.

[21] Loh L, Venkatraman N. Determinants of information technology outsourcing: a cross–sectional analysis[J]. Journal of Management

Information Systems, 2015, 9(1): 7–24.

[22] Rothery B, Robertson I. The truth about outsourcing[J].Design & Test of Computers IEEE, 1996, 22(1): 12–13.

[23] Sacristán-Navarro M,Gómez-Ansón S, Cabeza-García L. Large shareholders'combinations in family firms: Prevalence and performance effects [J]. Journal of Family Business Strategy, 2011, 2(2):101–112.

[24] 严勇，王康元.业务外包的迅速发展及其理论解释 [J]. 南方经济，1999(9): 68–69.

[25] Jones, Peter P B, Douglas P W. Finance Function Outsourcing in SMEs[M]. Manchester: The University of Manchester, 2001.

[26] Bahli B, Rivard S. The information technology outsourcing risk: a transaction cost and agency theory–based perspective[J].Journal of Information Technology. 2003, 18(3): 211–221.

[27] Helpman E, Antras P. Global Sourcing[J].Ssrn Electronic Journal. 2003, 112(3): 552–580.

[28] Sen R, Islam M S. Southeast asia in the global wave of outsourcing: trends, opportunities, and challenges[J]. Regional Outlook, 2004: 75–79.

[29] 卢岩.国际生产体系下的企业外包管理 [J]. 集团经济研究，2005(6): 78–79.

[30] 卢锋.当代服务外包的经济学观察:产品内分工的分析视角 [J]. 世界经济，2007, 30(8): 22–35.

[31] 杨丹辉，贾伟.企业外包决策模型研究 [J]. 首都经济贸易大学学报，2007, 9(3): 29–33.

[32] 张杰，张少军，刘志彪.外包、创新与工资不平等 [J]. 当代经济科学，2009, 31(2): 64–71.

[33] Nobayashi D, Nakamura Y, Ikenaga T, et al. Development of Single

Sign-On System with Hardware Token and Key Management Server[C]. International Conference on Systems and Networks Communications IEEE, 2007: 73-73.

[34] 汪星，陶长琪，唐国吉.基于广义均衡模型的服务外包流向研究 [J].江西师范大学学报(自然版), 2016, 40(1): 33-38.

[35] Globalsourcingnow. Five Indian Cities Among Top 10 Emerging Outsourcing Destinations - Tholons and Global Services[J]. Globalsourcingnow, 2007, (9):2.

[36] 江小涓.服务全球化的发展趋势和理论分析 [J].经济研究, 2008(2): 4-18.

[37] Wilson B, Ceuppens K. Reverse Offshore Outsourcing Experiences in Global Software Engineering Projects[C]. IEEE Sixth International Conference on Global Software Engineering IEEE Computer Society, 2011: 55-59.

[38] 刘丹鹭，岳中刚.逆向研发外包与中国企业成长——基于长江 三角洲地区自主汽车品牌的案例研究 [J].产业经济研究, 2011(4): 44-52.

[39] Hahn E D, Bunyaratavej K, Doh J P. Impacts of Risk and Service Type on Nearshore and Offshore Investment Location Decisions[J]. Management International Review, 2011, 51(3): 357-380.

[40] 肖志洁.中国承接服务外包的经济效应分析 [D].合肥：安徽大学, 2016.

[41] Mwichigi S N, Waiganjo E W. Relationship between Outsourcing and Operational Performance of Kenyaâs Energy Sector: A Case Study of Kenya Power[J]. International Journal of Academic Research in Business & Social Sciences, 2015, 5(3).

[42] 李颖. 中国 IT 产业发展报告 [M]. 社会科学文献出版社, 2015.

[43] Han K, Mithas S. Information technology outsourcing and non-IT operating costs: an empirical investigation[J]. Mis Quarterly, 2013, 37(1): 315-331.

[44] 刘绍坚. 中国承接国际软件外包的现状、模式及发展对策研究 [J]. 国际贸易, 2007(6): 27-32.

[45] 许媛鸿. 软件项目关键风险因素的识别研究——基于外包项目的研究 [D]. 杭州：浙江理工大学, 2008.

[46] 朱瑾. 我国软件外包理论、现状、对策研究 [D]. 上海：上海社会科学院, 2008.

[47] 原毅军, 刘浩. 中国制造业服务外包与服务业劳动生产率的提升 [J]. 中国工业经济, 2009(5): 67-76.

[48] Niazi M, Mahmood S, Alshayeb M, et al. Challenges of project management in global software development: A client-vendor analysis[J].Information & Software Technology, 2016, 80: 1-19.

[49] 曹萍, 陈福集, 张剑. 基于进度的软件外包项目风险优化控制决策 [J]. 武汉大学学报工学版, 2012, 45(3): 385-388.

[50] 罗军. 对日软件外包中信任及外包项目成功的影响因素研究 [D]. 杭州：浙江大学, 2008.

[51] Pinnington A, Woolcock P. How far is IS/IT outsourcing enabling new organizational structure and competences?[J].International Journal of Information Management, 1995, 15(5): 353-365.

[52] 徐绪松, 曹平. 项目管理知识体系的比较分析 [J]. 南开管理评论, 2004, 7(4): 83-87.

[53] 卫宏春. 三种主流软件工程方法的比较 [J]. 微电子学与计算机, 2002, 19(3): 5-7.

[54] 刘世伟 . 某对日软件外包企业成长策略研究 [D]. 北京：北方工业大学 , 2016.

[55] 卫宏春 . 软件的特征 [J]. 计算机技术与发展 , 2001, 11(6): 50–51.

[56] 杨荟萌 . C 公司软件外包项目风险管理研究 [D]. 上海：华东理工大学 , 2016.

[57] Humphrey S E, Aime F. Team Microdynamics: Toward an Organizing Approach to Teamwork[J]. Academy of Management Annals, 2014, 8(1): 443–503.

[58] Haleblian J, Finkelstein S. Top Management Team Size, CEO Dominance, and Firm Performance: The Moderating Roles of Environmental Turbulence and Discretion[J]. Academy of Management Journal, 1993, 36(4): 844–863.

[59] Liang T P, Liu C C, Lin T M, et al. Effect of team diversity on software project performance[J]. Industrial Management & Data Systems, 2007, 107(5): 636–653.

[60] 白思俊 . 中国项目管理的发展现状及趋向 [J]. 项目管理技术 , 2003(1): 7–11.

[61] Ammeter A P, Dukerich J M. Leadership, Team Building, and Team Member Characteristics in High Performance Project Teams[J]. Engineering Management Journal, 2002, 14(4): 3–10.

[62] Edmondson A C, Nembhard I M. Product Development and Learning in Project Teams: The Challenges Are the Benefits[J]. Journal of Product Innovation Management, 2009, 26(2): 123–138.

[63] 曲刚，李伯森 . 软件外包项目发包方对承接方团队绩效的影响——基于交互记忆系统的行为特征 [J]. 南开管理评论 , 2011, 14(3): 34–41.

[64] Faraj S, Sproull L. Coordinating Expertise in Software Development Teams[J]. Management Science,2000, 46(12): 1554–1568.

[65] Ford J K, Quiñones M A, Sego D J, et al. Factors affecting the opportunity to perform trained tasks on the job[J].Personnel Psychology, 1992, 45(3): 511–527.

[66] Akgün A E, Lynn G S, Yılmaz C. Learning process in new product development teams and effects on product success: A socio–cognitive perspective[J].Industrial Marketing Management, 2006, 35(2): 210–224.

[67] 王端旭，薛会娟 . 交互记忆系统对团队创造力的影响及其作用机制——以利用性学习和探索性学习为中介 [J]. 科研管理 , 2013, 34(6): 106–114.

[68] Mcallister D J. Affect– and Cognition–Based Trust as Foundations for Interpersonal Cooperation in Organizations[J].Academy of Management Journal, 1995, 38(1): 24–59.

[69] Stasser G, Vaughan S I, Stewart D D. Pooling Unshared Information: The Benefits of Knowing How Access to Information Is Distributed among Group Members[J].Organizational Behavior & Human Decision Processes, 2000, 82(1): 102–116.

[70] Moreland R L, Myaskovsky L. Exploring the Performance Benefits of Group Training: Transactive Memory or Improved Communication? [J]. Organizational Behavior & Human Decision Processes, 2000, 82(1): 117–133.

[71] 张志学，Hempel Paul S.，韩玉兰，等 . 高技术工作团队的交互记忆系统及其效果 [J]. 心理学报 , 2006, 38(2): 271–280.

[72] Hollingshead A B. Distributed Expertise and Transactive Processes in Decision–Making Groups[J]. Research on Managing Groups & Teams,

1998, 1: 103–124.

[73] Wegner D M. Transactive Memory: A Contemporary Analysis of the Group Mind[M]. Springer New York, 1987: 185–208.

[74] Nevo D, Kotlarsky J, Nevo S. New Capabilities: Can IT Vendors Leverage Crowdsourcing?[M]. Springer Berlin Heidelberg, 2014: 479–500.

[75] 焦永清. 交互记忆系统：团队绩效研究的新视角 [J]. 知识经济，2011(5): 7–8.

[76] Lewis K, Herndon B. Transactive Memory Systems: Current Issues and Future Research Directions[J]. Organization Science, 2011, 22(5): 1254–1265.

[77] Brandon D P, Hollingshead A B. Transactive Memory Systems in Organizations: Matching Tasks, Expertise, and People[J].Organization Science, 2004, 15(6): 633–644.

[78] Hollingshead A B. Perceptions of Expertise and Transactive Memory in Work Relationships[J]. Group Processes & Intergroup Relations, 2000, 3(3): 257–267.

[79] Wegner D M, Erber R, Raymond P. Transactive memory in close relationships.[J]. Journal of Personality & Social Psychology, 1991, 61(6): 923–929.

[80] 孙美佳，李新建. 群体交互记忆系统研究述评 [J]. 外国经济与管理，2012(10): 30–38.

[81] 张志学，Hempel Paul S.，韩玉兰，等. 高技术工作团队的交互记忆系统及其效果 [J]. 心理学报，2006, 38(2): 271–280.

[82] 张钢，熊立. 成员异质性与团队绩效：以交互记忆系统为中介变量 [J]. 科研管理，2009, 30(1): 71–80.

[83] 金杨华. 团队交互记忆系统对群体智力的影响 [J]. 科研管理，
2009, 30(5): 12–16.

[84] Moreland R L, Myaskovsky L. Exploring the Performance Benefits of
Group Training: Transactive Memory or Improved Communication? [J].
Organizational Behavior & Human Decision Processes, 2000, 82(1):
117–133.

[85] 林晓敏，林琳，王永丽，等. 授权型领导与团队绩效 : 交互记忆
系统的中介作用 [J]. 管理评论 ,2014, 26(1): 69–78.

[86] 黄海艳，武蓓. 交互记忆系统、动态能力与创新绩效关系研究 [J].
科研管理 , 2016, 37(4): 68–76.

[87] 陈帅. 团队断裂带对团队绩效的影响 : 团队交互记忆系统的作用
[J]. 心理学报 , 2016, 48(1): 84–94.

[88] Wegner D M. A Computer Network Model of Human Transactive
Memory[J]. Social Cognition, 2011, 13(3): 319–339.

[89] 王端旭，薛会娟. 交互记忆系统与团队创造力关系的实证研究 [J].
科研管理 , 2011, 32(1): 122–128.

[90] 黄昱方，耿叶盈. 基于组织自尊中介作用的工作团队咨询网络对
交互记忆系统的影响机制研究 [J]. 管理学报 , 2016, 13(5): 680–688.

[91] 曲刚，鲍晓娜，彭姝琳. 项目复杂性和团队社会认同情境下交
互记忆对软件外包项目绩效作用研究 [J]. 管理评论 , 2016, 28(10):
181–192.

[92] 周琰喆，倪旭东，郝雅健，等. 基于交互记忆系统的知识整合研
究 [J]. 人类工效学 , 2016, 22(3): 23–28.

[93] 蔡俊亚，党兴华. 交互记忆系统对团队绩效的影响机制研究——
基于团队反思的中介效应和团队学习的调节效应 [J]. 预测 ,
2015(5): 28–33.

[94] 史丽萍，杜泽文，刘强．交互记忆系统对知识团队绩效作用机制研究——以知识整合为中介变量 [J]. 科技进步与对策，2013, 30(8): 132–137.

[95] 盛黎明，刘强．交互记忆系统、组织记忆、组织即兴与创新绩效的关系研究 [J]，管理现代化，2013(4): 72–74.

[96] 王端旭，武朝艳．变革型领导与团队交互记忆系统：团队信任和团队反思的中介作用 [J]. 浙江大学学报（人文社会科学版），2011, 41(3): 170–179.

[97] 张钢，熊立．成员异质性与团队绩效：以交互记忆系统为中介变量 [J]. 科研管理，2009, 30(1): 71–80.

[98] Gunsel, Ayse, Acikgoz, et al. The Effects of Team Flexibility and Emotional Intelligence on Software;Development Performance[J].Group Decision and Negotiation, 2013, 22(2): 359–377.

[99] Mohammed S, Klimoski R J, Rentsch J R. The Measurement of Team Mental Models: We Have No Shared Schema[J]. Organizational Research Methods, 2000, 3(2): 123–165.

[100] Levesque L L, Wilson J M, Wholey D R. Cognitive divergence and shared mental models in software development project teams[J]. Journal of Organizational Behavior, 2001, 22(2): 135–144.

[101] Cannon Bowers J A, Salas E. Reflections on shared cognition[J]. Journal of Organizational Behavior, 2001, 22(2): 195–202.

[102] 武欣，吴志明．团队共享心智模型的影响因素与效果 [J]. 心理学报，2005, 37(4): 542–549.

[103] Dechurch L A, Mesmer–Magnus J R. Measuring Shared Team Mental Models: A Meta–Analysis[J]. Group Dynamics Theory Research & Practice, 2010, 14(1): 1–14.

[104] Klimoski R, Mohammed S. Team mental model: construct or metaphor?[J]. Journal of Management: Official Journal of the Southern Management Association, 1994, 20(2): 403–437.

[105] Lim B C, Klein K J. Team mental models and team performance: a field study of the effects of team mental model similarity and accuracy[J].Journal of Organizational Behavior, 2006, 27(4): 403–418.

[106] 徐寒易，马剑虹.共享心智模型：分布、层次与准确性初探 [J].心理科学进展, 2008, 16(6): 933–940.

[107] 黄健.人格特质、共享心智模型对团队效能影响的实证研究 [D].杭州：浙江财经学院, 2013.

[108] And J M L, Moreland R L. Progress in Small Group Research[J]. Psychology, 2003, 41(41): 585–634.

[109] Rentsch J R, Hall R J. Members of great teams think alike: A model of team effectiveness and schema similarity among team members[J]. Advances in Interdisciplinary Studies of Work Teams, 1994, 1: 223–261.

[110] Webber S S, Chen G, Payne S C, et al. Enhancing Team Mental Model Measurement with Performance Appraisal Practices[J].Organizational Research Methods, 2000, 3(4): 307–322.

[111] Druskat V U, Pescosolido A T. The Content of Effective Teamwork Mental Models in Self–Managing Teams: Ownership, Learning and Heedful Interrelating[J].Human Relations, 2002, 55(3): 283–314.

[112] Fiore S, Salas E, Cannon–Bowers J. Group dynamics and shared mental model development[M]. M London How, New Jersey: Lawrence Erlbaum Associates Publishers, 2001.

[113] Mathieu J E, Heffner T S, Goodwin G F, et al. The influence of shared mental models on team process and performance[J]. Journal of Applied

Psychology,2000, 85(2): 273–283.

[114] Mathieu J E, Heffner T S, Goodwin G F, et al. The influence of shared mental models on team process and performance[J]. Journal of Applied Psychology, 2000, 85(2): 273–283.

[115] 白新文，王二平，周莹，等 . 团队作业与团队互动两类共享心智模型的发展特征 [J]. 心理学报 , 2006, 38(4): 598–606.

[116] 金杨华，王重鸣，杨正宇 . 虚拟团队共享心理模型与团队效能的关系 [J]. 心理学报 , 2006, 38(2): 288–296.

[117] 龙飞，戴昌钧 . 基于组织共享心智模型的组织知识管理研究 [J]. 情报杂志 , 2007, 26(1): 81–85.

[118] 吕晓俊 . 共享心智模型对团队效能的影响——以团队过程为中介变量 [J]. 心理科学 , 2009(2): 440–442.

[119] 朱学红，邹佳纹，伍如昕 . 共享心智模型对 MTS 绩效影响的实证研究 [J]. 科技管理研究 , 2016, 36(11): 227–232.

[120] 王黎萤，陈劲 . 研发团队创造力的影响机制研究——以团队共享心智模型为中介 [J]. 科学学研究 , 2010, 28(3): 420–428.

[121] 黄同飞，彭灿 . 非正式网络对研发团队创造力的影响研究——以共享心智模型为中介变量 [J]. 科学学与科学技术管理 , 2015(7): 57–69.

[122] 李柏洲，徐广玉 . 共享心智模式、组织学习空间与创新绩效关系的研究 [J]. 科学学与科学技术管理 , 2013, 34(10): 171–180.

[123] Carlile P R. Product View of Knowledge Objects in New Boundaries: Boundary Development [J]. Institute for operations research and the management sciences, 2002, 13(4): 442–455.

[124] 罗珉 . 组织间关系理论最新研究视角探析 [J]. 外国经济与管理 , 2007, 29(1): 25–32.

[125] Harvey P. Comment: Knowledge Transfer Risks and Possibilities[J]. Anthropology Matters, 2011, 13(1): 1–5.

[126] Swart J, Harvey P. Identifying knowledge boundaries: the case of networked projects[J].Journal of Knowledge Management, 2011, 15(5): 703–721.

[127] 屠兴勇 . 知识视角的组织 : 概念、边界及研究主题 [J] 科学学研究 , 2012, 30(9): 1378–1387.

[128] 梁艳 . 企业知识边界对创新绩效的影响研究 [D]. 天津：河北工业大学 , 2014.

[129] Kane A A. Unlocking Knowledge Transfer Potential: Knowledge Demonstrability and Superordinate Social Identity[J]. Organization Science, 2010, 21(3): 643–660.

[130] Edwards A. Building common knowledge at the boundaries between professional practices: Relational agency and relational expertise in systems of distributed expertise[J]. International Journal of Educational Research, 2011, 50(1): 33–39.

[131] 钟竞，吴泗宗，张波 . 高技术企业跨边界学习的案例研究 [J]. 科学学研究 , 2008, 26(3): 578–583.

[132] Carlile P R. A Pragmatic View of Knowledge and Boundaries: Boundary Objects in New Product Development[J]. Organization Science, 2002, 13(4): 442–455.

[133] Gal U, Yoo Y, Richard Boland J. The Dynamics of Boundary Objects, Social Infastructures and Social Identities[J]. Case Western Reserve University, 2005(4): 193–206.

[134] Ratcheva V. Integrating diverse knowledge through boundary spanning processes – The case of multidisciplinary project teams[J]. International

Journal of Project Management, 2009, 27(3): 206–215.

[135] Sajadirad S, Wæhrens B V, Lassen A H. The role of boundary objects in the facilitation of dynamic knowledge transfer[C]. EurOMA Conference on Operations Management for Sustainable Competitiveness, Neuchâtel, Switzerland, 2015, (7): 24–33 .

[136] 王宇 . 知识边界问题研究 [J]. 科技情报开发与经济 , 2010, 20(29): 138–140.

[137] 陈力田，许庆瑞 . 知识搜寻跨边界协同对自主创新能力结构类型影响的实证研究 [J]. 科学学与科学技术管理 , 2014(10): 13–25.

[138] 董华，刘太强 . 企业研发边界决定：基于问题解决与知识互动的理论解释 [J]. 科技进步与对策 , 2014, (10): 66–71.

[139] 刘小娟，邓春平，王国锋，等 . 基于角色重载与知识获取的 IT 员工跨边界活动对工作满意度的影响 [J]. 管理学报 , 2015, 12(9): 1402.

[140] 郑忠明，江作苏 . 作为知识的新闻：知识特性和建构空间——重思新闻业的边界问题 [J]. 国际新闻界 , 2016(4): 142–156.

[141] Kast A, Connor K. Sex and Age Differences in Response to Informational and Controlling Feedback[J]. Personality and Social Psychology Bulletin, 1988, 14(3): 514–523.

[142] Spencer S M, Norem J K. Reflection and distraction: Defensive pessimism, strategic optimism, and performance.[J]. Personality and Social Psychology Bulletin, 1996, 22(4): 354–365.

[143] 彭剑锋 . 基于能力的人力资源管理 [M]. 北京：中国人民大学出版社 , 2003.

[144] 曲刚，李伯森 . 软件外包项目发包方对承接方团队绩效的影响——基于交互记忆系统的行为特征 [J]. 南开管理评论 , 2011,

14(3): 34–41.

[145] 叶为敢 . 离岸软件外包项目绩效的影响因素实证研究 [D]. 杭州 :
浙江工业大学 , 2013.

[146] Teng J T C, Grover V, Fiedler K D. Developing strategic perspectives
on business process reengineering: From process reconfiguration to
organizational change[J].Omega, 1996, 24(3): 271–294.

[147] Lee J, Miller D. People matter: commitment to employees, strategy and
performance in Korean firms[J].Strategic Management Journal, 2015,
20(6): 579–593.

[148] Kim H B, Kim W G, An J A. The effect of consumer - based brand
equity on firms' financial performance[J].Journal of Consumer
Marketing, 2003, 20(4): 335–351.

[149] 邓春平，毛基业 . 关系契约治理与外包合作绩效——对日离岸软
件外包项目的实证研究 [J]. 南开管理评论 , 2008, 11(4): 25–33.

[150] Pinto J K, Slevin D P. Project success: Definitions and measurement
techniques[J]. Project Manage Journal, 1988, 2: 67–72.

[151] 戚中伟，谢海娟 . 浅议国有资本金绩效评价体系的完善 [J]. 财税
与会计 , 2002(8): 42–43.

[152] Chan A P C, Chan A P L. Key performance indicators for measuring
construction success[J].Benchmarking, 2004, 11(2): 203–221.

[153] 于建政，汪克夷 . 知识共享与项目绩效关系的实证研究 [J]. 技术
经济 , 2010, 29(10): 19–23.

[154] Kaplan R S, Norton D P. Transforming the Balanced Scorecard
from Performance Measurement to Strategic Management: Part II[J].
Accounting Horizons, 2001, 15(2): 147–160.

[155] 许劲，任玉珑 . 项目关系质量、项目绩效及其影响关系实证研究

[J]. 预测 , 2010, 29(1): 71–75.

[156] Murphy D C, Baker B N, Fisher D. Determinants of project success[J]. Project Management Journal, 1974, 18(2): 1215–1218.

[157] Nidumolu S R. A comparison of the structural contingency and risk-based perspectives on coordination in software–development projects[J]. Journal of Management Information Systems, 1996, 13(2): 77–113.

[158] 林嘉雄 . 建设项目相关方企业质量管理措施对项目绩效的影响分析 [J]. 企业技术开发（下）, 2010, 29(2): 71–72.

[159] 王远 . 知识边界交互记忆软件外包项目绩效关系研究 [D]. 大连 : 大连理工大学 , 2013.

[160] 胥琳，叶为敢 . 离岸软件外包项目绩效的影响因素分析 [J]. 统计与决策 , 2013(20): 100–102.

[161] Thakkar J, Kanda A, Min H, et al. Supply chain performance measurement framework for small and medium scale enterprises[J]. Benchmarking, 2009, 16(5): 702–723.

[162] 邓春平，毛基业 . 控制 , 吸收能力与知识转移——基于离岸 IT 服务外包业的实证研究 [J]. 管理评论 , 2012, 24(2): 131–139.

[163] Wang E T G. Transaction attributes and software outsourcing success: an empirical investigation of transaction cost theory[J]. Information Systems Journal, 2002, 12(2): 153–181.

[164] 曲刚，李伯森 . 软件外包项目复杂性下的交互记忆系统与知识转移 [J]. 管理科学 , 2011, 24(3): 65–74.

[165] Graham M L, Ward B, Munro G, et al. Rural parents, teenagers and alcohol: what are parents thinking?[J]. Rural & Remote Health, 2006, 6(1): 383.

[166] 汪洁 . 团队任务冲突对团队任务绩效的影响机理研究——从团

队交互记忆与任务反思中介作用视角的分析 [D]. 杭州：浙江大学 , 2009.

[167] Senge P M. Collaborating for Systemic Change[J].Mit Sloan Management Review, 2010, 48(2): 44–53.

[168] Kilduff M, Mehra A, Dunn M B. From Blue Sky Research to Problem Solving: A Philosophy of Science Theory of New Knowledge Production[J]. Academy of Management Review. 2011, 36(2): 297–317.

[169] Oshri I, Kotlarsky J, Rottman J W, et al. Global sourcing: recent trends and issues[J]. Information Technology & People, 2009, 22(3): 192–200.

[170] Swart J, Harvey P. Identifying knowledge boundaries: the case of networked projects[J].Journal of Knowledge Management, 2011, 15(5): 703–721.

[171] 杨利军，万小渝 . 引用习惯对我国期刊论文被引频次的影响分析——以情报学为例 [J]. 情报科学 , 2012(7): 139–142.

[172] 江积海，宣国良 . 企业知识传导与知识边界研究 [J]. 情报科学 , 2005, 23(1): 7–10.

[173] Lee J N, Miranda S M, Kim Y M. IT Outsourcing Strategies: Universalistic, Contingency, and Configurational Explanations of Success[J].Information Systems Research, 2004, 15(2): 110–131.

[174] Subrahmanian E, Monarch I, Konda S, et al. Boundary Objects and Prototypes at the Interfaces of Engineering Design[J].Computer Supported Cooperative Work, 2003, 12(2): 185–203.

[175] Palvia P C, King R C, Xia W, et al. Capability, Quality, and Performance of Offshore IS Vendors: A Theoretical Framework and Empirical Investigation[J].Decision Sciences, 2010, 41(2): 231–270.

[176] 宋喜凤，杜荣，艾时钟 . IT 外包中关系质量、知识共享与外包

绩效关系研究 [J]. 管理评论 , 2013, 25(1): 52–62.

[177] Simonin B L. Transfer of Marketing Know–How in International Strategic Alliances: An Empirical Investigation of the Role and Antecedents of Knowledge Ambiguity[J]. Journal of International Business Studies, 1999, 30(3): 463–490.

[178] 邓春平 . 服务外包中的俘获型治理与突破策略 [J]. 商业经济研究 , 2011(12): 32–34.

[179] Carlile P R. Transferring, Translating, and Transforming: An Integrative Framework for Managing Knowledge across Boundaries[J]. Organization Science, 2004, 15(5): 555–568.

[180] Bosch E K, Ramachandran H, Luévano S, et al. The Resource Team Model: An Innovative Mentoring Program for Academic Librarians[J]. New Review of Academic Librarianship, 2010, 16(1): 57–74.

[181] Lubatkin M, Calori R, Very P, et al. Managing Mergers Across Borders: A Two–Nation Exploration of a Nationally Bound Administrative Heritage[J]. Organization Science, 1998, 9(6): 670–684.

[182] Churchill G A. A Paradigm for Developing Better Measures of Marketing Constructs[J]. Journal of Marketing Research, 1979, 16(1): 64–73.

[183] Anderson J C, Gerbing D W. Structural equation modeling in practice : A review and recommended two–step approach[J]. Psychological Bulletin, 1988, 103(3): 411–423.

[184] Boomsma J J, Loon A J V. Structure and Diversity of Ant Communities in Successive Coastal Dune Valleys[J]. Journal of Animal Ecology, 1982, 51(3): 957–974.

[185] Nunnally J C, Bernstein I H. The theory of measurement error[J].

Psychometric theory, 1994, 1: 209–247.

[186] Simonin B L. Ambiguity and the process of knowledge transfer in strategic alliances[J]. Strategic Management Journal, 2015, 20(7): 595–623.

[187] Jonsen K, Jehn K A. Using triangulation to validate themes in qualitative studies[J]. Qualitative Research in Organizations and Management, 2009, 4(2): 123–150.

[188] Michinov N, Michinov E. Investigating the relationship between transactive memory and performance in collaborative learning[J]. Learning & Instruction, 2009, 19(1): 43–54.

[189] Lewis B P, Burge C B, Bartel D P. Conserved seed pairing, often flanked by adenosines, indicates that thousands of human genes are microRNA targets[J]. Cell, 2005, 120(1): 15–20.

[190] Akgün A E, Lynn G S, Yılmaz C. Learning process in new product development teams and effects on product success: A socio–cognitive perspective[J]. Industrial Marketing Management, 2006, 35(2): 210–224.

[191] Kuduravalli S, Faraj S, Johnson S L. A Configural Approach to Coordinating Expertise in Software Development Teams[J]. Mis Quarterly, 2016.

[192] Alavi M, Tiwana A. Knowledge integration in virtual teams: The potential role of KMS[J]. Journal of the Association for Information Science and Technology, 2002, 53(12): 1029–1037.

[193] Borgatti S P, Cross R. A Relational View of Information Seeking and Learning in Social Networks[J]. Management Science, 2003, 49(4): 432–445.

[194] 鲍晓娜，曲刚，张国梁. 交互记忆跨越知识边界对软件外包项目

绩效作用研究 [J]. 大连理工大学学报（社会科学版），2014, 35(4): 50–56.

[195] Liang Y, Xu Z, Xia J, et al. For the Bright Future—Bulk Heterojunction Polymer Solar Cells with Power Conversion Efficiency of 7.4%[J]. Advanced Materials, 2010, 22(20): 135–138.

[196] Weick K E, Roberts K H. Collective Mind in Organizations: Heedful Interrelating on Flight Decks[J]. Administrative Science Quarterly. 1993, 38(3): 357–381.

[197] Zand B D. The Leadership Triad: Knowledge, Trust and Power[J]. 2010.

[198] Huemer M. Compassionate Phenomenal Conservatism[J]. Philosophy and Phenomenological Research, 2007, 74(1): 30–55.

[199] Liang K, Zeger S L. Longitudinal data analysis using generalized linear models[J]. Biometrika, 1986, 73(1): 13–22.

[200] N A E, Byrne J, Keskin H, et al. Knowledge networks in new product development projects: A transactive memory perspective[J]. Information & Management, 2005, 42(8): 1105–1120.

[201] Brandon D P, Hollingshead A B. Transactive Memory Systems in Organizations: Matching Tasks, Expertise, and People[J]. Organization Science, 2004, 15(6): 633–644.

[202] Waller M J, Gupta N, Giambatista R C. Effects of Adaptive Behaviors and Shared Mental Models on Control Crew Performance[J]. Management Science, 2004, 50(11): 1534–1544.

[203] Levesque L L, Wilson J M, Wholey D R. Cognitive divergence and shared mental models in software development project teams[J]. Journal of Organizational Behavior, 2001, 22(2): 135–144.

[204] 纪晓丽，蔡耀龙．研发团队即兴能力与团队创新绩效关系研究——共享心智模式的调节作用 [J]. 科技进步与对策，2013, 30(14): 11–16.

[205] Marks M A, Zaccaro S J, Mathieu J E. Performance implications of leader briefings and team–interaction training for team adaptation to novel environments[J]. Journal of Applied Psychology, 2000, 85(6): 971–986.

[206] Mathieu J E, Heffner T S, Goodwin G F, et al. The influence of shared mental models on team process and performance [J]. Journal of Applied Psychology, 2000, 85(2): 273–283.

[207] Kanawattanachai P, Yoo Y. Dynamic nature of trust in virtual teams[J]. Journal of Strategic Information Systems, 2002, 11(3－4): 187–213.

[208] Jarvenpaa S L, Majchrzak A. Knowledge Collaboration among Professionals Protecting National Security: Role of Transactive Memories in Ego–Centered Knowledge Networks[J]. Organization Science, 2008, 19(2): 260–276.

[209] Hau Kit Tai 侯杰泰，Wen Zhonglin 温忠麟，Cheng Zijuan 成子娟．结构方程模型及其应用 [J]. http://hdl.handle.net/2260.2/2514. 2004.

[210] Baron R M, Kenny D A. The moderator－mediator variable distinction in social psychological research: Conceptual, strategic, and statistical considerations [J].Journal of Personality & Social Psychology, 1987, 51(6): 1173–1182.

[211] 孙彤彤，夏维力，魏星集．共享心智模式、过程敏捷性与团队绩效关系研究——以软件开发团队为例 [J]. 科技进步与对策，2015, (4): 16–23.